U0910150

智库 中社 地方智库报告 Local Think Tank

中国司法公开新媒体应用研究报告

驻马店市中级人民法院 庭审公开第三方评估（2017）

支振锋　杨梦娇　韩莹莹
著

中国社会科学出版社

驻马店市中级人民法院

图书在版编目（CIP）数据

驻马店市中级人民法院庭审公开第三方评估．2017／支振锋，杨梦娇，韩莹莹著．—北京：中国社会科学出版社，2018．8
（地方智库报告）
ISBN 978－7－5203－2988－0

Ⅰ．①驻…　Ⅱ．①支…②杨…③韩…　Ⅲ．①法院—审判—研究报告—驻马店—2017　Ⅳ．①D926．22

中国版本图书馆 CIP 数据核字（2018）第 180283 号

出 版 人　赵剑英
责任编辑　喻　苗　马　明
责任校对　石春梅
责任印制　王　超

出　　版　中国社会科学出版社
社　　址　北京鼓楼西大街甲 158 号
邮　　编　100720
网　　址　http://www.csspw.cn
发 行 部　010－84083685
门 市 部　010－84029450
经　　销　新华书店及其他书店

印　　刷　北京君升印刷有限公司
装　　订　廊坊市广阳区广增装订厂
版　　次　2018 年 8 月第 1 版
印　　次　2018 年 8 月第 1 次印刷

开　　本　787×1092　1/16
印　　张　8．25
字　　数　71 千字
定　　价　39．00 元

项目负责人：

支振锋　中国社会科学院法学研究所研究员

　　　　《环球法律评论》杂志副主编

项目组成员：

韩莹莹　北京物资学院校办副主任、助理研究员

张　琼　西南政法大学行政法学院讲师

杨梦娇　中国政法大学硕士研究生

刘晶晶　中国社会科学院上海研究院博士研究生

任　蕾　中国社会科学院法学研究所博士研究生

叶子豪　中国社会科学院法学研究所硕士研究生

王佳敏　中国政法大学硕士研究生

霍文韬　中国社会科学院法学研究所硕士研究生

徐梦雅　中国社会科学院法学研究所硕士研究生

摘要： 庭审公开意味着司法的透明、公正与自信。近年来，在最高人民法院的积极推动和倡导下，驻马店市中级人民法院高度重视并带领该市两级法院大力开展庭审公开工作，最终成为全省乃至全国庭审公开工作的标兵法院。受驻马店市委政法委的委托，中国社会科学院法学研究所支振锋教授的团队对该市中级人民法院 2017 年法院庭审公开工作进行了第三方评估。本书作为驻马店市中级人民法院庭审公开第三方评估的最终成果，对驻马店市两级法院庭审公开工作的发展阶段作了简要梳理，并仔细剖析了驻马店中院在本次评估中的优异表现与不足之处。同时，通过横向对比分析全国其他法院的情况，本书对驻马店市中级人民法院的先进经验进行了总结，并对该院下一步更好地开展庭审公开工作提出了具体可行的建议。希望驻马店市中级人民法院能够继续作为人民法院庭审公开工作的积极践行者，为我国的司法公开事业贡献宝贵的实践经验。

关键词： 司法公开；庭审公开；第三方评估

Abstract: The Openness of Judicial Trial means that a nation's judiciary has its transparency, justice and confidence. In recent years, under the active promotion and advocacy of the Supreme People's Court, the Zhumadian Intermediate People's Court attached great importance and led the city's two-level courts to vigorously carry out the openness of trial work, and eventually became the model court for the judiciary openness work of the courts in Henan Province and even the whole country. Entrusted by the Zhumadian Municipal Party Committee and Municipal Government, the team led by Professor Zhi Zhenfeng from the Institute of Law of the Chinese Academy of Social Sciences conducted an Independent Evaluation on the Openness of Zhumadian Intermediate People's Court's Judicial Trial. As the research result of the evaluation, this book briefly reviews the development stage of the Openness of Judicial Trial of the two courts in Zhumadian City, and carefully analyzes its outstanding performance and shortcomings of the Zhumadian Intermediate People's Court in this evaluation. At the same time, through the horizontal comparison and analysis of the situation of other courts in the country, this book summarizes the advanced experience of the Zhumadian Intermediate People's Court, and puts forward concrete and feasible suggestions for the next step of the court to better carry out its Openness of Judicial Trial work. It is hoped that the Zhumadian Intermediate People's Court can continue to be an active practitioner of the Openness of Judicial Trial work of the people's court and privide valuable practical experience to the judicial openness of China.

Key Words: Judicial Openness; Openness of Judicial Trial; Independent Evaluation

目　　录

导　言

2016 年 9 月 27 日，“中国庭审公开网”开通活动暨全国法院推进庭审公开工作视频会议召开。最高人民法院院长周强在会上强调，大力推进庭审直播，全面深化司法公开，加快构建开放、动态、透明、便民的阳光司法机制，切实规范司法行为，提升审判质效，努力让人民群众在每一个司法案件中感受到公平正义。

在 2018 年“两会”报告中，周强院长在总结最高人民法院过去 5 年工作时说道：“司法公开取得重大进展。坚持以公开为原则、以不公开为例外，将司法公开覆盖法院工作各领域、各环节。”在展望未来 5 年的工作时提出人民法院要“持续深化司法公开，加快建设智慧法院。扩大庭审直播、文书上网、审判流程及各类司法信息公开范围，全面拓展司法公开的广度和深度”。

截至 2018 年 2 月 11 日，全国共 3517 家法院已全部接入中国庭审公开网，接通率为100%。截至2018年7月29日，全国法院在中国庭审公开网上直播庭审案件已逾122万场，访问量超过83亿人次。

河南省驻马店市地处中国南北方、东西部的接合地带，承东启西，贯南通北，素有“豫州之腹地、天下之最中”的美称。全市总面积1.5万平方千米，占河南省全省面积的8.8%，现辖1个区8个县和1个省直管县新蔡县，共194个乡镇和街道办事处。该市两级法院严格贯彻落实最高人民法院的重要指示，长期以来高度重视司法公开工作建设，积极推动该市庭审公开工作的发展。

驻马店市中级人民法院（以下简称“驻马店中院”）始终把推进司法公开作为深化司法改革的重要内容和提升司法公信力的有效途径，采取有效措施不断拓展司法公开的广度和深度，积极发掘司法公开的形式和渠道，着力构建开放、动态、透明、便民的阳光司法机制。该市两级法院依托信息化手段，全面推进司法公开建设，运用网络、微博、微信等载体，进一步强化了司法公开工作的广度和深度，有效提升了司法透明度和司法公信力。司法公开工作的深入开展，对全市法院阳光司法、廉洁司法、公正司法工作起到了积极的推动作用，促进了法院各项工作的科学发展。

第一章　驻马店中院庭审公开基本情况

自2010年至今，驻马店市两级法院一直高度重视司法公开工作，特别将庭审直播工作视为展示法院良好形象的重要载体，提高案件审判质效、提升司法公信力的有力抓手，从而有效地形成了党组高度重视、“一把手”直接推动、相关部门密切配合、审判人员积极参与的良好格局。

尤其是自2016年以来，该市庭审公开工作日益蓬勃发展，最终驻马店中院在全国225家法院的庭审公开第三方评估项目中位列第五，在全国参评的所有中级人民法院中位列第三，取得了较为突出的成绩。纵观该市法院庭审直播工作发展历程，大体可以分为以下3个阶段。

一　蹒跚起步(2010年10月—2013年)

驻马店是河南省的人口大市，但整体而言，经济尚不够发达，在观念上仍然较为封闭落后。该市总人口近900万，但经济总量在2017年才突破2000亿元，城镇化程度不高，财政收入并不宽裕。作为经济欠发达地区的人民法院，驻马店市两级法院系统在人才、经费、设备投入上，也一直存在着种种突出困难，起点较低等问题。而庭审视频直播作为业务水平高、技术含量高、管理要求高、投入要求高的一项人民法院新任务，就是在这种较低起点上蹒跚起步的。

驻马店两级法院系统对庭审直播工作的推行，最初是为了贯彻河南省高级人民法院（以下简称“河南省高院”）的相关要求。2010年，河南省高院开始在全省范围内宣传、推广开展庭审网络视频直播工作，并将实行庭审网络视频直播列入2010年办理的10件实事之一，同时还制定出台了《全省法院庭审网络视频直播办法》，对全省法院庭审网络视频直播任务进行了细化分解。同年9月10日，河南省高院又主持召开了全省法院庭审网络视频直播工作会议。该会议强调，庭审网络视频直播是深化审判方式改革的一项重要内容，是人民法院不断提高司法便民服务水平的有效手段，是增强司法透明、促进司法公正、主动接受监督的重要途径。同时会议要求，各级法院领导一定要把此项工作列入党组的议事日程，做到院长亲自抓，常务副院长具体抓。到2010年底，全省法院要发布庭审视频1000个以上。

全省法院庭审网络视频直播工作会议召开后，驻马店市中院党组马上展开行动，积极学习全省法院庭审网络视频直播工作会议精神，组织研究部署庭审网络视频直播工作。

2012年初，河南省高院下发《关于印发〈全省法院庭审网络视频直播实施细则（试行）〉的通知》。为贯彻落实高院通知精神，驻马店中院很快下发了《关于做好2012年度庭审网络直播视频直播的通知》，积极部署庭审视频直播工作。

在这一阶段，驻马店中院认真研究、科学论证、周密部署、全面动员，多方面筹集经费，改进设备，促进该市庭审直播工作实现了“从无到有”的蜕变。具体而言，包括以下几个方面。

第一，把庭审网络视频直播列入党组的议事日程，明确分工和工作目标，责任到人。

第二，与省法院行装处联系，对设备进行调试，确保庭审网络视频直播的准备工作按省法院的要求按时完成。

第三，成立了庭审网络视频直播办公室，全面负责统筹安排庭审网络视频直播工作。

第四，对庭审网络视频直播任务进行分解，定期统计通报，督导辖区法院按时完成任务。

第五，在人员问题上，整合中院人力资源，加强技术支持，确保庭审网络视频直播工作完成。

自 2010 年开始，驻马店市法院庭审直播工作从无到有、从小到大，制度、资金、人力资源不断得到强化，庭审直播工作蹒跚起步并逐渐步入正轨。但不可否认，这个阶段该市庭审直播工作的开展中，仍存在着法官抵触心理严重、当事人难以接受、庭审直播投入资金少、硬件设备不齐全等影响庭审直播工作进一步发展的种种困难。

二　初步发展(2013年底—2016年8月)

该阶段驻马店两级法院系统庭审直播工作能够顺利发展，与最高人民法院的大力倡导和具体部署是分不开的。2013 年 12 月 11 日，中国法院庭审直播网正式开通；2014 年最高人民法院周强院长在人大常委会上的工作报告中，也强调要“建设科技法庭、推进庭审全程录音录像”；2015 年最高人民法院“两会”报告则进一步提出“加强庭审直播网建设，推进庭审全程录音录像”；2015 年 2 月 27 日，中国法院手机电视 APP 正式开通上线，4 个月后用户就超过 50 万人；自 2016 年 7 月 1 日开始，最高人民法院所有公开审理案件原则上一律在中国法院庭审直播网、最高人民法院官方微博、新浪网法院频道 3 个平台同步进行网络视频直播。

聚焦到河南省层面，2014 年 8 月，河南省高院印发了《全省法院庭审网络视频直播实施细则》，该细则对河南省法院庭审网络视频直播的范围、审批程序、直播流程、评论回复以及定期报告制度等都作出了详细规定。此外，河南省高院定期通报全省法院庭审视频直播工作情况，指导和督促全省法院进一步加强司法公开工作。

在充分认识到庭审公开工作的重要意义后，驻马店中院除严格落实上级法院关于庭审直播有关司法公开的制度外，结合该市工作实际，先后制定了《关于进一步加强审判公开的意见》《关于公民旁听公开审判案件的规定》《庭审网络视频直播规则》《庭审直播考核办法》等一系列规范文件，不断健全完善庭审直播工作机制，为庭审直播工作的规范化和制度化铺好了基石。

这一时期，在庭审直播平台较早建立的基础上，驻马店中院着重抓好庭审公开平台的日常内容运营和庭审直播考核评价体系的完善工作，不断扩大庭审公开的范围和频次，逐渐开始赢得社会公众的认可和好评。同时，该院还积极通过与自有微博、微信、手机APP媒体的相互联结，实现庭审直播在不同媒介间的互联互通工作，扩大了庭审直播的社会覆盖面。使得越来越多的社会公众开始关注驻马店中院的庭审直播，对进一步提升该市法院的司法公信力起到了积极的促进作用。至此，驻马店中院更加充分地认识到了庭审直播工作对于司法公开的重大意义，积极主动落实上级法院的精神和指示，最终该市庭审直播工作的开展成果在省内名列前茅。

2016年全年，驻马店中院录制庭审视频共1260件，在河南省19个中级人民法院中排名第七。其中，直播状态视频243件，在河南省19个中级人民法院中排名第三；直播案件占全部视频播出案件的比例超过19%，在河南省19个中级法院中排名第六。

庭审公开，尤其是互联网下的庭审直播，不仅提升了法官素养和审判质效，抑制了司法腐败，促进了司法公正，提升了司法公信，树立了司法权威，也方便了社会公众知情权和监督权的行使，体现了人民司法的制度优势。然而，应该看到的是，庭审公开工作仍然面临诸多困难和障碍。作为一项新生事物，庭审公开涉及法院、法官、当事人、社会公众以及其他诉讼参加人或参与人等各类主体，涉及法院的秩序维持、人民群众的知情权和监督权、当事人的个人隐私与信息保护以及法官人身安全和相关信息保护等各种利益，还存在着观念上与机制上的困难和障碍，因此难度极大，工作推进实属不易。

显然，庭审直播工作的开展并非法院一家之事，其除了涉及法官、当事人、社会公众三方，即使在设备方面，也有赖于法院整体的重视与投入，或者是技术设备服务方的协调和支持。特别是，虽然庭审公开符合我国宪法和现行三大诉讼法以及人民法院法庭规则的精神，但在具体的制度依据上，仍然存在规则供给不足的问题。因此，庭审直播的合理性、正当性基础并非全无疑问，也尚未得到各方群体的普遍认同。

三　成绩巨大（2016年8月至今）

2016 年 8 月 24 日，驻马店中院邀请中国社会科学院法学研究所专家学者到该市法院调研庭审直播工作。调研组对该市法院把庭审直播作为推进“阳光司法”的重要抓手、全面推进庭审公开工作所做的努力和探索表示了充分的肯定。与调研组专家的交流使驻马店中院领导和法官认识到，近年来，各级各地人民法院不断探索新的司法公开途径与工具，尤其是以庭审视频新媒体直播为代表的新媒体司法公开异军突起，已经成为新时期值得关注和重视的司法公开现象。随着互联网庭审直播的广泛开展，中国法院正在创造司法公开的新境界。人民法院要转变观念、完善机制，不断提高司法能力，适应技术发展和时代进步，全方位提高庭审掌控能力和庭审水平。

1个月之后，全国统一的庭审公开平台——中国庭审公开网正式建成开通。最高人民法院举办了隆重的开通仪式并举办了全国法院推进庭审公开工作视频会议。最高人民法院周强院长亲临开通仪式并发表重要讲话，强调要认真学习贯彻习近平总书记系列重要讲话精神，深入贯彻落实十八大以来党的历次中央全会精神，大力推进庭审直播，全面深化司法公开，加快构建开放、动态、透明、便民的阳光司法机制，切实规范司法行为，提升审判质效，努力让人民群众在每一个司法案件中感受到公平正义。

周强院长在该会上还特别强调，要通过互联网直播等多样化形式，全面推进庭审公开。庭审是审判工作的核心环节，加强庭审公开有利于充分展示人民法院审判工作成效，有利于人民群众更好地了解、参与和监督司法，有利于倒逼法官更有效地提升审判质效和司法能力。庭审视频直播是互联网时代司法公开的重要创新，是推进构建开放、动态、透明、便民的阳光司法机制的重大举措。作为全国法院统一、权威的庭审公开平台，中国庭审公开网是继中国审判流程公开网、中国裁判文书公开网、中国执行信息公开网之后建立的司法公开第四大平台，标志着司法公开进入新的历史阶段。要抓好庭审公开平台的建设与联通，不断扩大庭审直播覆盖面。要不断丰富网站功能，提升网站性能，有效实现庭审视频与裁判文书、审判流程信息、执行信息的有机关联，实现庭审公开平台与办案系统、科技法庭系统等信息化平台的互联互通，为社会各界提供智能化、人性化的用户体验。各级法院领导要亲自推动、率先垂范，主持公开开庭审理的案件原则上都要通过互联网直播庭审。

驻马店中院高度重视周强院长的讲话精神，党组专门召开会议集中学习，张社军院长亲自动员，要求全市两级法院立即行动起来，在庭审公开工作上积极发力。一把手重视成为庭审工作的巨大推动力，短短几个月时间，驻马店中院在经费极端紧张的情况下，多方努力筹措资金，相继投入经费近千万元，将中院15个审判庭及全市基层法院的55个派出法庭全部安装高清庭审直播设备。

此外，为了保证直播数据传输流畅，进一步提升直播效果，驻马店中院各审判庭和全市派出法庭安装了庭审直播专线，专门用于直播的数据传输。为了达到最好的直播视觉效果，中院还成立了专门直播工作保障小组，负责直播的系统调试、直播公告的发布、直播期间的设备操作，确保每一个直播案件视频流畅清晰，画面美观同步，为庭审直播工作的进一步深入推进提供了良好的硬件保障。

同时，经与河南省高院、驻马店市委政法委沟通协调，驻马店中院向最高人民法院审判管理部门专函申请开展司法公开第四大平台工作试点，不断提升庭审直播工作层次水平，努力为全国法院系统司法公开平台建设工作提供经验。

为了更好地获得上级法院与专家学者对庭审公开工作的意见和建议，查找短板，弥补不足，客观地认识驻马店两级法院在庭审公开工作中努力的成效与存在的问题，经充分论证和研究，驻马店市政法委决定委托中国社会科学院法学研究所对驻马店中院的庭审公开工作进行专业的第三方评估。以本次评估为契机，驻马店中院在结合本院实际情况的基础上，充分汲取中国社会科学院专家的意见和建议，进一步完善措施，加大力度，对相关制度不断完善并建立了相关配套制度，为庭审直播工作的顺利推进提供良好的制度保障，推动全市法院庭审视频直播工作蓬勃发展。

从庭审直播案件数量上看，2017 年 1 月 1 日—12 月 31 日，驻马店市中院完成庭审直播案件 1228 件次，在河南省 19 个中级人民法院中排名第一；驻马店市两级法院共完成庭审直播案件 5697 件次，在河南省各地市排名第一。此外，在最高人民法院委托中国社会科学院法学研究所对全国 225 家法院所进行的庭审公开第三方评估中，驻马店中院作为受评法院之一也取得了全部受评中级人民法院第三名、全国受评法院第五名的优异成绩。

第二章　驻马店中院庭审公开评估的指标设计

一　庭审公开第三方评估的背景

正如周强院长所强调的，人民法院必须适应信息化条件下庭审公开的新形势，努力提升庭审公开的质量、效率和效果。要充分发挥庭审公开对司法体制改革的助推作用，促进司法责任制的落实，推进庭审实质化，加快推进以审判为中心的诉讼制度改革，不断提升庭审质效。要坚持问题导向，通过庭审公开督促法官严格诉讼程序，规范司法行为，改进司法作风，倡导司法文明，维护庭审秩序，促进提升法官驾驭庭审的能力和水平，切实实现以公开促公正、树公信。要用足、用好、用活庭审公开平台汇聚的宝贵资源，汇集、分析、利用各地法院以及新闻媒体的审判公开视频资源，实现法院内外数据资源的深度融合。要加快“智慧法院”建设，充分运用司法大数据分析，注重在审判公开大数据中研究发现制约审判质效、影响司法公信的深层次问题，不断总结经验、提炼规则，更好地服务法官办案，服务人民群众诉讼。

庭审是司法过程的核心环节，庭审直播的出现是司法公开实践的一次重大创新。通过把司法机关的审判活动完整地呈现在人民群众面前，使人民群众直观、便捷、高效地感受司法公开，就能以司法公开的透明度推动公平正义的实现。庭审公开有利于司法人员提升办案水平和效率，有利于为案件当事人创造公平有序的审理流程，有利于实现广大人民群众对审理案件过程的知情权、参与权和监督权。如何利用新工具、新技术实现庭审公开，继而进一步推进司法公开，将庭审的实况传播到大众视野中，是司法公开工作中值得思考的问题。为了客观评估驻马店中院的庭审直播工作，2017 年 9 月，驻马店市委政法委正式委托中国社会科学院法学所对 2017 年驻马店中院的庭审直播工作进行评估。评估的内容主要包括以下 4 个方面。

（1）制度建设。评估内容为与庭审公开尤其是庭审视频网络直播相关的制度规范。包括同步录音录像规范、庭审直播规范、音频视频存储规范、法庭礼仪规定、法庭秩序规定、庭审直播前当事人权利义务告知程序规定、重点或特殊案件的舆情预案、直播案件选取范围规定、法院直播案件的程序性规定、直播案件告知规定、对个人隐私性等不宜公开信息及证人等问题的处理规定、司法公开侵犯隐私权时救济性规定、直播中突发事件应急预案、舆情预案以及考核和奖惩措施等。

（2）平台建设。该项评估的重点在于庭审视频直播的硬件设备与运维等方面。内容大体包括：直播网站、科技法庭、同步录音录像设备、存储平台、网络安全防范技术措施、是否有专门预算、负责部门及运维人员；同时可以考虑将微信、微博、客户端以及四大平台相互链接等互联互通情况纳入。

（3）直播情况。该部分主要包括庭审直播渠道的多样性、庭审直播案件数量、庭审直播案件比例、庭审直播画面、庭审秩序情况、舆情过程引导等。

（4）便民措施。该部分主要考察司法公开四大平台联动情况、便民利民情况等。

接到委托后，中国社会科学院法学所立刻组成专项课题组商议、部署具体评估方案。同时，在中国庭审公开网开通一周年之际，为了能直观、准确地了解庭审公开的实际情况，总结一年多以来庭审公开的经验和教训，为下一步庭审公开的工作做充分准备，最高人民法院委托中国社会科学院法学研究所对全国法院的庭审活动公开情况进行第三方评估，并成立课题组跟进承担各具体环节任务。

在决定承接两项第三方评估任务之后，课题组经过仔细研讨论证后认为，两项评估工作是相关联动的，是可以相互借鉴、相互补充的，原则上可以共享同一套指标体系，只是在具体评估时，要突出驻马店中院的独特情况并进行剖析。后文将具体介绍本次评估的重点与原则、数据获取与计算、指标体系及设置依据，在行文中，根据不同场合，可能会对各级人民法院直接使用简称，如最高人民法院简称“最高院”、高级人民法院简称“高院”、中级人民法院简称“中院”或“中级法院”、基层人民法院简称“基层法院”等。

二　评估的重点与原则

作为人民法院司法公开的一项重要工作，庭审公开在鼓励各级各地人民法院加大力度进行庭审直播活动的同时，重在倒逼提升庭审质量、效率和效果，真正以公开促公正，以公正赢得公信。根据最高人民法院推行庭审公开的制度目标和驻马店方面的意图，本次庭审公开评估工作的重点主要是考虑庭审公开的效果，不仅考核为庭审公开而进行的平台建设、制度建设，更强调在庭审公开中庭审直播的数量，直播的音频、视频效果以及庭审秩序等与审判质效直接相关的因素。

评估工作主要考虑以下 4 个原则。

一是合法性。考虑到目前庭审公开工作还处于初创阶段，所以课题组在指标设置时主要考虑指标的合法合规，尽可能在现有的规范体系下对法院的庭审公开工作进行评估。也就是说，在设置指标体系时，课题组主要是根据与庭审公开相关的法律与相关司法文件来进行的。宪法以及诉讼法所确立的审判公开原则、人民法院法庭规则、最高人民法院围绕司法公开所发布的相关司法文件，以及一系列可能与庭审公开相关的其他最高人民法院文件，都是指标体系设置的合法性依据。当然，鉴于当前庭审公开在全国层面仅仅推行了不到两年，相关法律法规以及司法文件都还不够健全，随着庭审公开工作的深化和落实，未来课题组也会考虑设置一些合理性指标，一方面尝试对将来庭审公开工作的方向进行引导，另一方面也为将来围绕庭审公开出台相关司法文件或全国性规则做准备。

二是客观性。无论是第三方评估，还是人民法院自身进行的工作评估，或者其他任何评估，客观公正都是其生命线。因此，无论是在评估指标体系的设计上，还是在具体评估操作中，课题组都遵循客观中立的原则。一方面，在指标设计上，课题组充分咨询了相关专家、部分法官与司法实务界人士，经过认真研究并充分进行科学、民主讨论后，形成了较为科学的指标体系，并根据指标体系制定出详细的评估指南，并以此指南作为基本依据对庭审公开工作进行评估。该评估指南包括指标设计、评分依据与评分说明等方面。无论是指标设计还是评估过程，课题组在突出考核目标、问题导向的同时，也力图以指标体系设置与评估过程上的客观性，来实现评估结果的可溯源性。

三是现实性。必须认识到，放眼古今中外，在一个近 14 亿人民之众的国家全面推行庭审公开，无论如何都堪称前无古人的伟大创举。但庭审公开毕竟是一个新生事物，中国庭审公开网作为全国法院的庭审公开统一平台也仅仅开通不到两年；虽然在短短几年中，人民法院的庭审公开工作已经取得了亮丽的成就，但这个工作仍然处于初始阶段，不仅面临很多观念上或机制上的障碍，在实践中也肯定存在着这样那样的缺陷。必须认识到，大多数法院在庭审公开问题上，案件数量并不大，比例并不高，离常态化直播仍有距离；即便有些法院已经有大量案件进行庭审视频直播，但在审判质效、法官控庭能力甚至音视频质量等问题上，仍然存在诸多不足。

因此，课题组设置了 4 个一级指标：直播情况、平台建设、制度建设、便民措施。直播情况主要覆盖了案件呈现、案件数量与类型、直播效果、证人和被害人及需要保护的出庭人员保护与个人信息保护 4 个主要方面，体现了本次评估考虑庭审公开效果的重点。平台建设包含直播网站、主管领导与主管部门、运维人员和部门及网络安全维护，该一级指标主要是为了评估法院网站建设及是否有专门人员领导、负责庭审公开工作的具体情况。制度建设的侧重点是法院是否已就庭审公开建立较为完备的制度规范。便民措施是希望各法院能够在庭审公开中进一步落实以人民为中心的发展思想。最后形成一级指标 4 个，二级指标 12 个，三级指标 30 个的评估指标体系，课题组并根据不同权重对不同指标进行量化赋值，试图以此反映当前人民法院庭审公开工作的客观面貌。

四是引导性。在科学设置指标体系时，课题组在遵循法律与司法文件的同时，也力图贯彻最高人民法院大力推行司法改革、深化司法公开的精神。确定指标体系之后，课题组专家又广泛征求了相关专家、部分法官、实务界人士意见建议，并经与最高人民法院审判管理部门反复商讨，最后确定了 4 个一级指标分别的权重与赋值，并以此为原则再为二级和三级指标赋值。赋值高低，不仅体现这个指标所代表的庭审公开中某个方面或某个因素的重要性，同时，也希望通过赋值的高低能够对各级法院以后的庭审工作进行某种程度上的引导。当然，由于合法性原则的框范，这个引导性原则可能体现得没有那么充分。

三 数据来源与评估方法

对于评估工作基础数据的来源与抓取，课题组以驻马店中院2017年在中国庭审公开网上的庭审直播情况为主要内容，并结合中国庭审公开网提供的数据分析以及该院自行提交的部分材料，依据上述评估指标对该院依托中国庭审公开网平台展示的庭审工作展开了细致的评估，这也是本次评估工作的核心部分。

具体而言，评估工作的数据有4个来源：通过课题组抽查该院的具体庭审视频获取的相关数据，由中国庭审公开网提供的相关数据，该院根据课题组和最高院要求所报送的数据。经过处理不同数据后对各指标进行计算、评分，最后得出结果。大体来讲，数据获取与分析的情况如下：

评估主要来源于课题组抽查数据。根据指标体系和案件抽查规则，课题组抽查了驻马店中院2017年7—12月的庭审直播案件。抽查重点关注案件视频的诉讼各方参与人画面呈现情况、画面质量（结合中国庭审公开网提供的数据）、播出音效、直播完整程度、庭审秩序、庭审礼仪、出席情况、证人被害人及需要保护的出庭人员保护与信息保护（结合法院自报数据）情况。鉴于庭审公告往往会在庭审直播后被撤下、不便于回溯这一特殊性，课题组集中抽查了2017年12月该院相关案件的庭审公告情况进行评估。抽查时，课题组重点关注庭审直播公告内容、庭审直播公告准确性。

对于指标体系中的有些指标，如“板块建设”，抽查并不能满足评估需要，因此课题组成员需要点击该院的官网进行数据收集。为了数据的准确性，课题组需要用3种不同的浏览器，在不同时段分别登陆和收集。对于课题组收集的数据，必要时都做到了拍照存证。

对于一些宏观的统计性数据，如2017年全年驻马店市中级人民法院总共进行的庭审直播案件量等，均由中国庭审公开网统一提供。而至于制度建设、便民措施等相关指标，则主要由该院根据课题组的要求进行提供。

同时，课题组还通过河南省高院的庭审直播工作自建平台——“河南法院庭审直播网”对驻马店中院2017年1—9月在该网站上的庭审直播案件数据简单进行了全样本分析。这是因为考虑到全国法院庭审直播公开工作正处于初级阶段，课题组一致认为分析对比两个平台的数据不但能够更加客观充分地肯定法院现有的工作成果，也有助于查漏补缺，互相印证并发现更多问题，进而推动下一步工作更好地开展。在对驻马店中院庭审直播工作进行评估时，课题组秉持客观、公正、中立的原则，以该院直播视频的客观数据为基础，严格按照指标体系开展评估工作。

四　庭审公开指标体系设置

本次评估中，庭审公开评估指标体系共分为三级，其中一级指标 4 个，分别是直播情况、平台建设、制度建设和便民措施；二级指标 12 个；三级指标 30 个。直播情况权重设置为 70%，其他 3 个一级指标权重均设为 10%，二级指标和三级指标根据具体情况赋值。具体指标名称及分数设置详见表 2 – 1。

表 2 – 1　庭审公开评估指标体系

一级指标	二级指标	三级指标
1. 直播情况	1.1 案件呈现	1.1.1 案件名称
		1.1.2 案号
		1.1.3 案由
		1.1.4 基本案情
		1.1.5 审判组织成员
		1.1.6 员额法官庭审直播覆盖率
		1.1.7 院长办案直播情况
		1.1.8 诉讼各方参与人画面展示情况
	1.2 案件数量与类型	1.2.1 案件总数
		1.2.2 直播比例
		1.2.3 案件类型比例
		1.2.4 员额法官人均直播案件数

续表

一级指标	二级指标	三级指标
1. 直播情况	1.3 直播效果	1.3.1 画面质量
		1.3.2 播出音效
		1.3.3 直播完整程度
		1.3.4 直播庭审秩序
		1.3.5 直播庭审礼仪
		1.3.6 出席情况
	1.4 证人、被害人及需要保护的出庭人员保护与个人信息保护	
2. 平台建设	2.1 直播网站	2.1.1 板块建设
		2.1.2 接入及直播情况
	2.2 主管领导与主管部门	
	2.3 运维人员、部门及网络安全维护	
3. 制度建设	3.1 庭审直播相关制度规范	3.1.1 直播质量规范
		3.1.2 案件选取规范
		3.1.3 不公开审批规范
		3.1.4 礼仪秩序规范
		3.1.5 证人作证规范
		3.1.6 质量考核规范
		3.1.7 紧急预案规范
		3.1.8 视频删除规范
	3.2 督促通报考核制度	
4. 便民措施	4.1 庭审直播公告	4.1.1 公告内容
		4.1.2 公告准确性
	4.2 新闻宣传	
	4.3 邀请人大代表、专家学者等旁听	

五　数据来源、数据样本与计算方式

在庭审公开评估指标体系中，共有36个指标（其中包括6个二级指标、30个三级指标）被单独赋值，数据来源于中国庭审公开网提供的指标数量共计3个，来源于课题组收集的指标数量共计15个，来源于法院自报的指标数量共计15个，来源于中国庭审公开网与课题组结合的有1个，来源于法院自报与课题组结合的有2个，详见表2－2：

表2－2　赋值指标、数据来源、样本情况及计算方式

赋值指标	数据来源	样本情况	计算方式
案件名称	课题组	抽查	该指标得分/抽查案件数
案号	课题组	抽查	该指标得分/抽查案件数
案由	课题组	抽查	该指标得分/抽查案件数
基本案情	课题组	抽查	该指标得分/抽查案件数
审判组织成员	课题组	抽查	该指标得分/抽查案件数
员额法官庭审直播覆盖率	法院自报＋课题组	核查	直接计入总分
院长办案直播情况	法院自报＋课题组	核查	直接计入总分
诉讼各方参与人画面展示情况	课题组	抽查	该指标得分/抽查案件数
案件总数	中国庭审公开网		直接计入总分
直播比例	中国庭审公开网＋课题组	核查	直接计入总分

续表

赋值指标	数据来源	样本情况	计算方式
案件类型比例	中国庭审公开网		直接计入总分
员额法官人均直播案件数	法院自报或中国庭审公开网	核查	直接计入总分
画面质量	课题组	抽查	该指标得分/抽查案件数
播出音效	课题组	抽查	该指标得分/抽查案件数
直播完整程度	课题组	抽查	该指标得分/抽查案件数
直播庭审秩序	课题组	抽查	该指标得分/抽查案件数
直播庭审礼仪	课题组	抽查	该指标得分/抽查案件数
出席情况	课题组	抽查	该指标得分/抽查案件数
证人、被害人及需要保护的出庭人员保护与个人信息保护	法院自报		直接计入总分
板块建设	课题组	抽查	直接计入总分
接入及直播情况	法院自报		直接计入总分
主管领导与主管部门	法院自报		直接计入总分
运维人员、部门及网络安全维护	法院自报		直接计入总分
直播质量规范	法院自报		直接计入总分
案件选取规范	法院自报		直接计入总分
不公开审批规范	法院自报		直接计入总分
礼仪秩序规范	法院自报		直接计入总分
证人作证规范	法院自报		直接计入总分
质量考核规范	法院自报		直接计入总分
紧急预案规范	法院自报		直接计入总分
视频删除规范	法院自报		直接计入总分
督促通报考核制度	法院自报		直接计入总分
庭审直播公告内容	课题组	抽查	该指标得分/抽查案件数
庭审直播公告准确性	课题组	抽查	该指标得分/抽查案件数
新闻宣传	法院自报		直接计入总分
邀请人大代表、专家学者等旁听	法院自报		直接计入总分

六 指标设置依据

该细则以每个被赋值指标在表3－1中的顺序，详细说明介绍指标的评分合法合规性依据和标准。详细内容如下：

1.1.1 案件名称评分依据与标准

根据《人民法院民事裁判文书制作规范》，案件名称是当事人与案由的概括，在民事一审中，案件名称表述为“原告×××与被告×××……（写明案由）一案”。《最高人民法院关于在中国裁判文书网站平台公布的裁判文书的格式要求及技术处理规范》规定：“四、技术处理的内容及方法……（二）应当保留的信息……其他个人信息包括当事人的姓名或者名称，法定代表人、负责人、辩护人、委托代理人等的姓名不做技术处理。”

1.1.2 案号评分依据与标准

最高人民法院出台若干个规范性文件如《人民法院民事裁判文书制作规范》《关于人民法院案件案号的若干规定》《最高人民法院关于在同一案件多个裁判文书上规范使用案号有关事项的通知》等对案号均做了详细规定，其中在《关于人民法院案件案号的若干规定》第三条规定，“案号各基本要素的编排规格为：‘（‘ + 收案年度 + ’）’ + 法院代字 + 类型代字 + 案件编号 + ‘号’。每个案件编定的案号均应具有唯一性。”案号在诉讼过程具有重要地位，通常在立案阶段法院就对每个案件生成相对应的唯一案号。

因此，课题组根据上述规定结合实际情况对本指标进行评分。

1.1.3 案由评分依据与标准

最高人民法院出台若干个与案由相关的规范性文件，如《民事案件案由规定》《最高人民法院关于规范行政案件案由的通知》等，对案由的内容做了详细规定。

在民事案件中，《最高人民法院关于印发修改后的〈民事案件案由规定〉的通知》对案由的适用做了以下规定：“第一审法院立案时应当根据当事人诉争法律关系的性质，首先应适用修改后的《民事案件案由规定》列出的第四级案由；第四级案由没有规定的，适用相应的第三级案由；第三级案由中没有规定的，适用相应的第二级案由；第二级案由没有规定的，适用相应的第一级案由。地方各级人民法院对审判实践中出现的可以作为新的第三级民事案由或者应当规定为第四级民事案由的纠纷类型，可以及时报告最高人民法院。最高人民法院将定期收集、整理、筛选，及时细化、补充相关案由。”

在行政案件中，《最高人民法院关于规范行政案件案由的通知》（以下简称“《通知》”）中将行政案件案由分为作为类案件、不作为类案件、行政赔偿类案件。在作为类案件中，《通知》指出：“行政作为类案件案由的结构为：管理范围＋具体行政行为种类。以诉公安机关所作的行政拘留处罚为例，案由应确定为：‘治安行政处罚’。‘治安’为公安行政管理范围之下具体的治安管理；‘行政处罚’则是具体行政行为的种类，不用具体的处罚形式‘拘留’进行表述。”在不作为类案件的案由中，《通知》指出：“不作为类案件的案由，原则上仍适用上述作为类案件的两种构成要素的结构，但又要体现此类案件的特色，其确定方法是：以‘诉’作为此类案件案由的第一个构成要素；以行政主体的类别作为第二个构成要素，如‘工商行政管理机关’、‘海关’等；以不履行特定行政职责或义务作为第三个构成要素……如可以具体区分为‘诉××（行政主体）不履行保护人身权（财产权）法定职责’、‘诉××（行政主体）不履行行政合同义务’、‘诉××（房屋管理机关等）不履行登记法定职责’等等。”在行政赔偿类案件中，《通知》指出：“行政赔偿类案件分为两种情况，即一并提起行政赔偿和单独提起行政赔偿。对于一并提起的行政赔偿案件，在被诉具体行政行为案件案由后加‘及行政赔偿’一语即可。如‘工商行政登记及行政赔偿’、‘诉公安机关不履行保护人身权法定职责及行政赔偿’等。对于单独提起行政赔偿的案件，案由的确定方法为：行政管理范围+行政赔偿。以税务工作人员在执法中致人伤亡单独提起行政赔偿之诉为例，如‘税务行政赔偿’等。”

1.1.4 基本案情评分依据与标准

《最高人民法院关于人民法院直播录播庭审活动的规定》第一条规定：“人民法院通过电视、互联网或者其他公共传媒系统对公开开庭审理案件的庭审过程进行图文、音频、视频的直播、录播，应当遵循依法、真实、规范的原则。”且“案情简介”是中国庭审公开网直播案件的必要因素，因此课题组结合上述规定之精神与实际情况设置本指标。

本指标主要从案情简介是否覆盖案由、案件阶段两个要素进行考核。

1.1.5 审判组织成员评分依据与标准

《中华人民共和国刑事诉讼法》第一百七十八条规定：“基层人民法院、中级人民法院审判第一审案件，应当由审判员三人或者由审判员和人民陪审员共三人组成合议庭进行，但是基层人民法院适用简易程序的案件可以由审判员一人独任审判。高级人民法院、最高人民法院审判第一审案件，应当由审判员三人至七人或者由审判员和人民陪审员共三人至七人组成合议庭进行。人民陪审员在人民法院执行职务，同审判员有同等的权利。人民法院审判上诉和抗诉案件，由审判员三人至五人组成合议庭进行。合议庭的成员人数应当是单数。合议庭由院长或者庭长指定审判员一人担任审判长。院长或者庭长参加审判案件的时候，自己担任审判长。”

《中华人民共和国民事诉讼法》第三十九条规定：“人民法院审理第一审民事案件，由审判员、陪审员共同组成合议庭或者由审判员组成合议庭。合议庭的成员人数，必须是单数。适用简易程序审理的民事案件，由审判员一人独任审理。陪审员在执行陪审职务时，与审判员有同等的权利义务。”第四十条规定：“人民法院审理第二审民事案件，由审判员组成合议庭。合议庭的成员人数，必须是单数。发回重审的案件，原审人民法院应当按照第一审程序另行组成合议庭。审理再审案件，原来是第一审的，按照第一审程序另行组成合议庭；原来是第二审的或者是上级人民法院提审的，按照第二审程序另行组成合议庭。”

《中华人民共和国行政诉讼法》第六十八条规定：“人民法院审理行政案件，由审判员组成合议庭，或者由审判员、陪审员组成合议庭。合议庭的成员，应当是三人以上的单数。”

综上，根据我国三大诉讼法对审判组织成员的规定，经课题组适当调整后对本指标进行评估。

1.1.6 员额法官庭审直播案件覆盖率

《最高人民法院关于加强各级人民法院院庭长办理案件工作的意见（试行)》（法发〔2017〕10号)，第四条规定："基层、中级人民法院可以根据本院的收结案情况，结合完成审判工作任务的需要，在本意见规定的最低标准基础上，适当提高本院院庭长独立承办和参与审理的案件数量。高级人民法院和最高人民法院院庭长办案数量的最低标准，分别由高级人民法院和最高人民法院规定。"

本指标以上述规定相关标准，结合人民法院的具体情况进行评估。

1.1.7 院长办案直播情况

《最高人民法院关于加强各级人民法院院庭长办理案件工作的意见（试行)》（法发〔2017〕10号）第四条规定："基层、中级人民法院的庭长每年办案量应当达到本部门法官平均办案量的50%—70%。基层人民法院院长办案量应当达到本院法官平均办案量的5%—10%，其他入额院领导应当达到本院法官平均办案量的30%—40%。中级人民法院院长办案量应当达到本院法官平均办案量的5%，其他入额院领导应当达到本院法官平均办案量的20%—30%。基层、中级人民法院可以根据本院的收结案情况，结合完成审判工作任务的需要，在本意见规定的最低标准基础上，适当提高本院院庭长独立承办和参与审理的案件数量。高级人民法院和最高人民法院院庭长办案数量的最低标准，分别由高级人民法院和最高人民法院规定。”

本指标以上述规定相关标准，结合人民法院的具体情况进行评估。

1.1.8 诉讼各方参与人画面展示情况依据与标准

根据《最高人民法院关于加快建设智慧法院的意见》（法发〔2017〕12 号）的规定及精神，在庭审视频直播中，刑事案件应有四个镜头，分别展示审判组织成员、公诉人、犯罪嫌疑人、辩护律师；民事案件及行政案件应有三个镜头分别展示审判组织成员、原告、被告。

本指标参考该规定进行评估。

1.2.1 案件总数评分依据与标准

根据《最高人民法院关于加快建设智慧法院的意见》的规定及精神，案件总数的评分标准如下：以被评估法院同一层级法院的案件平均数为标准，以 50 件为基准进行加减分处理；超过 30 件按 50 件计。如果中国庭审公开网所显示数据与法院自建直播网站不符，以数量高者为准；但法院自建网站无法通过检索核查真实性的，以中国庭审公开网为准。

本指标参考该规定及法院具体情况进行评估。

1.2.2 直播比例评分依据与标准

根据相关法律和《最高人民法院关于加快建设智慧法院的意见》的规定及精神，直播案件比例的评分标准以案件直播量与最高院提供结案量的不同比例进行综合评估。

1.2.3 案件类型比例评分依据与标准

根据《最高人民法院关于加快建设智慧法院的意见》的规定及精神，以及最高院相关通告规定，在刑事、民事、行政三类案件中，以每一类案件的直播案件量占所有在中国庭审公开网直播案件量的比例与每一类案件占年度结案量比例相比进行计分。

1.2.4 员额法官人均直播案件数评分依据与标准

《最高人民法院司法责任制实施意见（试行）》（法发〔2017〕20号）第71点要求："院长主持考评委员会开展办案业绩考核工作，指导审判管理办公室健全完善办案业绩评价体系，运用权重系数计算办法科学测定办案工作量，合理评价法官办案数量、质量、效率和效果，对法官办案业绩提出考核意见。"

本指标根据该点的要求与精神，结合司法公开尤其是庭审直播的要求，以员额法官人均直播数与同一层级被评估法院平均数的相关比例进行评分。

1.3.1 画面质量依据与标准

根据《人民法院审判法庭信息化建设规范（试行)》中“三、建设内容及要求”中的“（四）音视频管理”第2点第（1）项：“信息采集：实时采集庭审音视频信息。可以采集、传输、存储一路或多路庭审画面。也可以采编一路或多路复合画面（包含摄像机信号和证据信号）图像质量应达到四级（CB50348－2004）以上。”

根据《最高人民法院关于加快建设智慧法院的意见》和最高院2016年印发的《科技法庭应用技术要求》对视频采集和庭审实况的要求：最终庭审视频合成画面分辨率要求不低于1080p。

本指标采用课题组以上述规定为基础，通过抽查案件审核的方式进行评分。

1.3.2 播出音效依据与标准

根据《人民法院审判法庭信息化建设规范（试行)》中“三、建设内容及要求”中的“（六）灯光音响”第2点第（4）项：“满足国家标准GB50371—2006—《厅堂扩声系统设计规范》中的会议类扩声系统声学特性指标。”

本指标以上述标准为基础，以案件直播声音清晰辨认程度、流畅程度等情况进行综合评分。

1.3.3 直播完整程度依据与标准

根据《最高人民法院关于人民法院庭审录音录像的若干规定》第一条之规定："人民法院开庭审判案件，应当对庭审活动进行全程录音录像。"第三条规定："庭审录音录像应当自宣布开庭时开始，至闭庭时结束。除下列情形外，庭审录音录像不得人为中断：（一）休庭；（二）公开庭审中的不公开举证、质证活动；（三）不宜录制的调解活动。负责录音录像的人员应当对录音录像的起止时间、有无中断等情况进行记录并附卷。"

综上，本指标以庭审直播完整程度对该指标进行评分。

1.3.4 庭审秩序依据与标准

根据《中华人民共和国刑事诉讼法》《中华人民共和国民事诉讼法》《中华人民共和国行政诉讼法》及《中华人民共和国人民法院法庭规则》（法释〔2016〕7号）、《最高人民法院办公厅关于进一步加强法庭审判秩序管理的通知》（法办〔2009〕600号）等规范性文件对庭审秩序作出的规定，违反庭审秩序的主要体现有：（1）除需在法庭上出示之证据外携带："（一）枪支、弹药、管制刀具以及其他具有杀伤力的器具；（二）易燃易爆物、疑似爆炸物；（三）放射性、毒害性、腐蚀性、强气味性物质以及传染病病原体；（四）液体及胶状、粉末状物品；（五）标语、条幅、传单；（六）其他可能危害法庭安全或妨害法庭秩序的物品。”（2）下列人员旁听庭审：“（一）证人、鉴定人以及准备出庭提出意见的有专门知识的人；（二）未获得人民法院批准的未成年人；（三）拒绝接受安全检查的人；（四）醉酒的人、精神病人或其他精神状态异常的人；（五）其他有可能危害法庭安全或妨害法庭秩序的人。”（3）法庭纪律规定的部分：“（一）鼓掌、喧哗；（二）吸烟、进食；（三）拨打或接听电话；（四）对庭审活动进行录音、录像、拍照或使用移动通信工具等传播庭审活动；（五）其他危害法庭安全或妨害法庭秩序的行为。”（4）依法追究刑事责任的行为：“哄闹、冲击法庭”；“侮辱、诽谤、威胁、殴打司法工作人员或诉讼参与人”；“毁坏法庭设施，抢夺、损毁诉讼文书、证据”。

发生上述扰乱法庭秩序的情况时，根据上述规范性文件，相关处理行动如下：（1）审判长或独任审判员对违反法庭纪律的人员应当予以警告；对不听警告的，予以训诫；对训诫无效的，责令其退出法庭；对拒不退出法庭的，指令司法警察将其强行带出法庭。行为人对庭审活动进行录音、录像、拍照或使用移动通信工具等传播庭审活动的，人民法院可以暂扣其使用的设备及存储介质，删除相关内容；（2）司法警察依照审判长或独任审判员的指令维持法庭秩序。出现危及法庭内人员人身安全或者严重扰乱法庭秩序等紧急情况时，司法警察可以直接采取必要的处置措施。人民法院依法对违反法庭纪律的人采取的扣押物品、强行带出法庭以及罚款、拘留等强制措施，由司法警察执行。

本项指标以庭审过程平稳、有序进行及出现状况时法官能及时处理为基本准则进行评分。

1.3.5 直播庭审礼仪依据与标准

相关规范如下：《中华人民共和国法官法》《中华人民共和国公务员法》《法官行为规范》（法发〔2010〕54 号）、《中华人民共和国人民法院法庭规则》（法释〔2016〕7 号）、《最高人民法院办公厅关于进一步加强法庭审判秩序管理的通知》（法办〔2009〕600 号）。

本指标主要规范对象为法官及书记员。根据上述规范性文件的规定，对法院及书记员的礼仪要求总结如下：第一，准时出庭，不迟到，不早退，不缺席。第二，在进入法庭前必须更换好法官服或者法袍，并保持整洁和庄重，严禁着便装出庭；合议庭成员出庭的着装应当保持统一。第三，不得与诉讼各方随意打招呼，不得与一方有特别亲密的言行。第四，严禁酒后出庭。第五，坐姿端正，杜绝各种不雅动作。第六，集中精力，专注庭审，不做与庭审活动无关的事。第七，不得在审判席上吸烟、闲聊或者打瞌睡，不得接打电话，不得随意离开审判席。第八，礼貌对待当事人及其他诉讼参与人。第九，不得与当事人及其他诉讼参加人争吵。

综上，本指标以审判人员及书记员是否违反礼仪要求进行评分。

1.3.6 出席情况依据与标准

根据《中华人民共和国法官法》第五条："法官的职责：（一）依法参加合议庭审判或者独任审判案件；（二）法律规定的其他职责。"根据《法官行为规范》（法发〔2010〕54号）第二十九条规定，出庭时注意事项："（一）准时出庭，不迟到，不早退，不缺席。"本指标以庭审人员的出席情况进行评分。

1.4 证人、被害人及需要保护的出庭人员保护与个人信息保护依据与标准

根据《最高人民法院关于人民法院直播录播庭审活动的规定》第三条："人民法院进行庭审直播、录播，应当严格按照法律规定的公开范围进行，涉及未成年人、被害人或者证人保护等问题，以及其他不宜公开的内容的，应当进行相应的技术处理。"根据相关技术情况，对出庭相应人员的面部特征、生理特征进行马赛克处理即可。

经课题组抽查审核，以案件直播符合个人信息保护规范情况为基准进行评分。

2.1.1 板块建设评分依据与标准

《最高人民法院关于加快建设智慧法院的意见》规定了“提升司法公开工作水平”的相关措施。包括：“充分运用互联网技术，完善司法公开四大平台建设，助推司法公开工作，促进实现审判执行全要素依法公开；推动司法公开信息全面汇总、深度关联、便捷查询，提升司法信息公开水平和服务能力；继续推进庭审公开，通过互联网多渠道公开庭审过程，让遍布各地的更多人群‘走进’法庭，切实感受阳光司法的不断进步；进一步加强互联网监督投诉平台建设和推广应用，强化社会公众对人民法院各项工作的全面监督作用。”

根据该规定的要求及精神，本指标通过法院在其官方网站是否设置与中国庭审公开网的链接板块为基础进行评估。

2.1.2 接入及直播情况评分依据与标准

《最高人民法院关于加快建设智慧法院的意见》规定：“要充分运用互联网技术，完善司法公开四大平台建设，助推司法公开工作，促进实现审判执行全要素依法公开；推动司法公开信息全面汇总、深度关联、便捷查询，提升司法信息公开水平和服务能力；继续推进庭审公开，通过互联网多渠道公开庭审过程，让遍布各地的更多人群‘走进’法庭，切实感受阳光司法的不断进步；进一步加强互联网监督投诉平台建设和推广应用，强化社会公众对人民法院各项工作的全面监督作用。”

根据该规定的要求及精神，本指标以被评估的法院接入中国庭审公开网及直播案件实际情况进行评分。

2.2 主管领导与主管部门评分依据与标准

根据《最高人民法院关于加快建设智慧法院的意见》第（二十二）项：“建立专业化人才保障体系。全面落实最高人民法院《关于人民法院信息化人才队伍建设的意见》，制定完善细则，督促贯彻实施，为智慧法院建设提供坚实的人才队伍保障。”

另外根据《人民法院信息化建设五年发展规划(2013—2017)》“五、保障措施”中第（四）项：“加强队伍建设，稳定安全运行。加强人民法院信息化机构和队伍建设，构建完善的队伍保障机制。要积极与当地机构编制管理部门沟通协调，在高级人民法院、中级人民法院和有条件的基层人民法院设立信息化工作专门机构，实现信息化工作的归口管理。高级以上人民法院，要争取新增或在原有领导职数中解决设置总工程师，实现信息化工作的专业化指导。各级人民法院应根据本院信息化工作量和岗位职责要求，尽快配备足够的信息技术人员，确保信息化工作顺利开展。”

本指标考察庭审直播平台领导部门和领导人员及部门内职责分工。

2.3 运维人员、部门及网络安全维护依据与标准

根据《最高人民法院关于加快建设智慧法院的意见》第（二十二）项：“建立专业化人才保障体系。全面落实最高人民法院《关于人民法院信息化人才队伍建设的意见》，制定完善细则，督促贯彻实施，为智慧法院建设提供坚实的人才队伍保障。”

另外根据《人民法院信息化建设五年发展规划(2013—2017)》“五、保障措施”中第（四）项：“加强队伍建设，稳定安全运行。加强人民法院信息化机构和队伍建设，构建完善的队伍保障机制。要积极与当地机构编制管理部门沟通协调，在高级人民法院、中级人民法院和有条件的基层人民法院设立信息化工作专门机构，实现信息化工作的归口管理。高级以上人民法院，要争取新增或在原有领导职数中解决设置总工程师，实现信息化工作的专业化指导。各级人民法院应根据本院信息化工作量和岗位职责要求，尽快配备足够的信息技术人员，确保信息化工作顺利开展。”

综上，本指标考察各法院专门技术保障运维人员

运行和维护庭审直播平台的情况及网络安全保障及突发情况处置制度。

3.1 庭审直播相关制度规范依据与标准

根据《人民法院信息化建设五年发展规划（2013—2017）》“五、保障措施”中第（五）项：“建立上级法院对下级法院信息化工作的管理体系，逐步加大指导和监督的力度。研究制定人民法院信息化建设效能评价指标体系、系统验收运行效能评价体系。明确领导者、建设者、使用者和管理者在信息化工作中的岗位责任。积极推进信息化相关规章制度建设，完善监督措施与办法。强化信息化制度落实检查机制，注重信息化应用方面考核和奖惩等规章制度的制定和执行。将信息化工作纳入法院工作目标考核范围。加大对审判人员应用信息化系统和设备的培训力度。”

本指标以被评估法院具备庭审相关制度规范的完整程度进行评分，完整的庭审相关制度规范包括但不限于以下八项：直播质量规范、案件选取规范、不公开审批规范、礼仪秩序规范、证人作证规范、质量考核规范、紧急预案规范和视频删除规范。

3.2 督促通报考核制度依据与标准

根据《人民法院信息化建设五年发展规划（2013—2017）》“五、保障措施”中第（五）项：“建立上级法院对下级法院信息化工作的管理体系，逐步加大指导和监督的力度。研究制定人民法院信息化建设效能评价指标体系、系统验收运行效能评价体系。明确领导者、建设者、使用者和管理者在信息化工作中的岗位责任。积极推进信息化相关规章制度建设，完善监督措施与办法。强化信息化制度落实检查机制，注重信息化应用方面考核和奖惩等规章制度的制定和执行。将信息化工作纳入法院工作目标考核范围。加大对审判人员应用信息化系统和设备的培训力度。”

本指标考察被评估法院向最高院提交体现该法院进行庭审直播考核的考核文件具体情况。

4.1.1 庭审直播公告内容依据与标准

《中华人民共和国刑事诉讼法》第一百八十二条规定：“人民法院确定开庭日期后，应当将开庭的时间、地点通知人民检察院，传唤当事人，通知辩护人、诉讼代理人、证人、鉴定人和翻译人员，传票和通知书至迟在开庭三日以前送达。公开审判的案件，应当在开庭三日以前先期公布案由、被告人姓名、开庭时间和地点。”

因此，以中国庭审公开网作为庭审直播公告抽查信息来源，考察课题组随机抽查的月份中（此次为2017年12月）被评估法院的庭审直播公告情况。

4.1.2 庭审直播公告准确性依据与标准

《中华人民共和国刑事诉讼法》第一百八十二条规

定："人民法院确定开庭日期后，应当将开庭的时间、地点通知人民检察院，传唤当事人，通知辩护人、诉讼代理人、证人、鉴定人和翻译人员，传票和通知书至迟在开庭三日以前送达。公开审判的案件，应当在开庭三日以前先期公布案由、被告人姓名、开庭时间和地点。"

本指标考察法院对庭审直播案件进行直播公告且案件如期直播情况。

4.2 新闻宣传依据与标准

根据《最高人民法院关于加快建设智慧法院的意见》中的第（十三）项规定："构建多渠道权威信息发布平台。利用互联网、移动互联网应用平台等，构建网站、微信、微博和APP客户端等多渠道权威信息发布平台，促进社会公众了解、参与、监督法院工作。"

本指标考察法院提供的对庭审直播工作进行新闻宣传的情况。

4.3 邀请人大代表、专家学者等旁听依据与标准

根据《司法公开示范法院标准》第四项的规定："依照法律和司法解释规定应当公开审理的案件一律公开审理。公开开庭审理的案件允许当事人近亲属、媒体记者和公众旁听，不得对旁听庭审设置障碍。对影响重大、社会关注度较高的案件，应根据旁听人数尽

量安排合适的审判场所。定期邀请人大代表、政协委员和社会组织代表旁听庭审。”

本指标根据上述规定考察法院邀请外来人员旁听进行庭审直播中的案件的情况。

第三章　驻马店中院庭审公开评估情况

结合前一章驻马店两级法院评估工作基本情况介绍，本章将从中国庭审公开网和河南法院庭审直播网两个平台分别对驻马店中院的庭审直播工作评估结果进行分析。

一　以中国庭审公开网为依托进行的评估

从2017年1—9月，课题组安排专人对驻马店中院所有庭审直播视频进行浏览和监控；2017年7—12月，课题组根据评估指标体系的设计，又重点抽查了相关庭审直播案件，从而取得了评估工作所需要的一手数据。评估工作紧紧围绕直播体系设计进行，重点关注驻马店中院在中国庭审公开网上庭审直播的案件，根据抽查情况评估该院直播案件的质量。对直播案件质量的考察，既包括审判质效的若干要素，更强调音视频效果，以及该院对庭审视频直播工作的组织情况。同时，课题组充分利用各种网络浏览工具，分不同时段对驻马店中院官网上及中国庭审公开网上的庭审公告情况进行了抽查，并根据抽查情况进行评估。

由于庭审公开评估指标设置中的平台建设、制度建设以及便民措施等指标需要的多是全样本数据，课题组还以多种网络浏览工具在多个时间段或者以多台电脑，对驻马店中院官网的直播平台建设及其与中国庭审公开网、河南法院庭审直播网的连接情况进行了考察；同时，根据评估指标的需要，要求该院报送与制度建设和便民措施相关的一些资料，并结合最高院、中国庭审公开网以及最高院信息中心提供的数据，进行核实和评估。具体而言，主要包括以下 4 个方面。

一是庭审公告及公告准确性的评估。考虑到此次评估系第一次评估，而且 2017 年 10 月之后，最高人民法院审判管理部门下发了关于庭审公开第三方评估的明传，各级各地法院已经开始重视庭审直播工作，12 月应为各级各地法院庭审工作开展最充分的月份。因此，对于庭审直播公告指标的评估，课题组决定根据抽查规则抽查受评法院 2017 年 12 月份的案件公告情况进行评估。

二是重点考察庭审直播案件的直播质量。课题组按照抽查规则确定了抽查案件的起始时间范围，在该范围中确定若干个工作日进行抽查，在每一个工作日同时同步抽查每一个受评法院在中国庭审公开网上的直播案件，如果该院当日无直播案件，则顺延至有直播案件日进行抽查评估。具体抽查的方法是，课题组指派专人按照抽查规则所确定的日期查找受评法院的相关案件，全程观看该案件，并记录案件名称、案由、案号、审判组织成员以及基本案情等基本信息，并根据该案庭审直播的完整视频，对照每一评估指标进行计分。此外，对于案件直播视频中不符合评估指标要求的扣分项，课题组也均予以截图取证。最后，受评法院直播案件相关指标全部打分工作完成后，按评分规则计算该法院的总得分。

三是根据法院申报资料，评估制度建设、平台建设及便民措施等相关指标。2017 年 12 月下旬，根据评估工作的实际需要，最高院审判管理部门向各省、自治区、直辖市高院下发了庭审公开考核工作要求提交文件的发函（《关于委托中国社科院法学所开展庭审公开第三方评估报送相关材料的通知》[法（审管办）明传（2017）31 号]，要求受评法院提交与庭审直播工作相关的制度建设材料及情况说明。在收到受评法院自行报送的材料说明后，课题组成员依据评估方案指南，对法院自报材料中涉及的指标项进行了评估打分。

四是根据案件抽查、法院报送及中国庭审公开网和最高院信息中心提供的材料，结合评估指南，进行具体打分和计分工作。打分和计分均由课题组专人进行，并进行交叉复核，在评估打分和复核工作全部结束后，课题组汇总全部直播情况、平台建设、制度建设及便民措施4个一级指标项下共计30个指标的最终得分，形成最终得分。

在此次评估中，驻马店中院最终得分86.33分，位列全部受评中院第三名，全国法院第五名。以一级指标为基准，该院得分具体构成为：直播情况61分（满分70分）；平台建设7分（满分10分）；制度建设10分（满分10分）；便民措施8.33分（满分10分）。其中，驻马店中院未得到满分的三级指标共有10个，如表3－1所示。

表3－1 **得分较差指标**

指标名称	基本案情	员额法官庭审直播覆盖率	诉讼各方参与人画面展示情况	案件类型比例	画面质量
此项指标失分数	1	4	1	1	1
指标名称	证人、被害人及需要保护的出庭人员保护与个人信息保护	板块建设	主管领导与主管部门	公告内容	公告准确性
此项指标失分数	1	2	1	0.67	1

后文将对驻马店中院上述10个三级指标的详细失分情况进行解析。

（一）基本案情

该项三级指标设置的满分标准为：覆盖案由＋显示案件审理阶段，本次评估课题组成员也严格按照该标准进行打分。然而，实质上案情简介的理想化内容除了具备上述要素外，更应简明扼要地以陈述句介绍本案的基本情况，包括但不限于时间、案件当事人、案由（纠纷起源）、提起诉讼原因等要素，如“2017年10月5日，原告因与被告借贷关系的存否发生争议，双方协商不成诉至本院，请求判令被告返还借款”。基本案情介绍应该准确、严肃，既不能过于简单、信息不全，也不能过于文学化，甚至成为地摊文学，丧失司法应有的严肃性。

如果案件属于二审或再审阶段，则应在案情简介中显示“上诉人（再审申请人）因与被上诉人（再审被申请人）借贷纠纷关系一案，不服原一审法院作出的××号判决（裁定），于×年×月×日向本院提起上诉（申请再审）”。也就是说，案情简介要能够准确地显示本案系一审、二审抑或是再审。

基于上述要求，可以看到驻马店中院在“基本案情”指标上，存在有待改进之处：（1）未显示案件审理阶段；（2）标准不一，内容混乱；（3）未能以简洁富有逻辑性语句简单描述案件情况。

（二）员额法官庭审直播覆盖率

该项三级指标设置的满分标准为：除院长以外的法院其他员额法官全部参与庭审直播。本项指标是本次评估中单项分值最高的三级指标，其设置的意图在于：欲达到庭审公开的常态化，必须引导、督促员额法官积极参与。这个指标，既考察被评估法院在员额法官参与庭审直播问题上的现状，也在一定程度上具有引导性，实际上是鼓励更多员额法官积极参与庭审视频直播工作。

根据课题组的具体评估细则，驻马店中院的2017年参与庭审公开直播的员额法官数量÷本院全部员额法官总数×100%，即51÷72×100%≈70.83%。对于一家中院来说，在大力推行庭审公开的今天，员额法官参与庭审直播的覆盖率仅仅为70%左右，不能说低，但也的确不高。

（三）诉讼各方参与人画面展示情况

对于一个庭审直播案件来说，所有诉讼参与人或参加人，都应该在视频画面中有展示。特别是，法官、当事人、代理人或其他诉讼参与人，在庭审中发言时，应该有专门的画面显示。因此，该项三级指标设置的满分标准为：民事、行政案件至少有3个以上镜头分别展示审判组织人员、原告与被告；刑事案件则至少有4个以上镜头分别展示审判组织成员、公诉人、犯罪嫌疑人、辩护律师。

从全国法院的情况来看，无论是基于庭审直播案件抽查情况，还是课题组在部分地方法院的实际调研情况，都可以发现，大多数开展庭审视频直播工作的法院都根据案件类型，在不同的法庭审理不同类型的案件；有些硬件设施较好的法院，都安装了完全满足庭审直播所要求的摄像头数量，一些法院还有镜头随发言人自动切换功能，最终是由3—6个镜头组成一幅画面。这样，诉讼中所有发言人都有专用镜头，充分实现庭审视频直播的目的。但从驻马店中院此次被抽查的案件来看，虽然针对发言人的不同，视频镜头进行了同步转换，但镜头个数均只有1个，且没有对直播视频进行分屏处理，不能同时展示诉讼参与各方的情况，因此本项指标该院最终得分不佳。

实际上，不仅摄像头的数量、清晰程度以及是否随发言人自动切换等功能对于庭审视频直播必不可少，摄像头的安装方式推置也至关重要。课题组在实地调研与案件抽查中发现，有些地方的法院，注意摄像头安装与法庭装修整体风格的一致性，摄像头相对不那么突出，甚至比较隐蔽，从而不会给法官或当事人构成可能的心理影响。这个问题，以后可以在科技法庭建设标准或规范中予以考虑。

（四）案件类型比例

鉴于被评估的驻马店中院并非专门法院（如海事法院、知产法院等），其所受理的案件在类型上应该是较为全面的。而充分将不同类型的案件进行比较均衡的庭审视频直播，反映的是一个法院庭审公开工作的组织能力和管理能力，也反映该院对庭审视频直播工作的重视程度。因此，该项三级指标设置的满分标准为：在刑事、民事、行政三类案件中，每一类案件的直播案件量占该院所有在中国庭审公开网直播案件量的比例与每一类案件占该院年度结案量比例相比，结构应该均衡。例如，假设某法院于2017年共有1000件民事案件结案，全部各类案件的结案量为10000件，因此民事案件的结案量比例为10%。因此，该院在开展庭审视频直播工作时，民事案件的庭审直播量也占该院全部庭审视频直播量的10%左右，是一种最理想的均衡状态。该项指标设置的初衷在于：引导法院平衡地公开直播多种类型的案件，避免其仅挑选直播类型单一的简单案件（一般来说是民事案件）。或者说，避免有些法院以“应付”的态度来进行庭审视频直播工作。

根据最高院提供的年结案量，中国庭审公开网统计的直播案件总数与类型，并对照上述标准，2017年，驻马店中院的公开庭审直播案件数量高达1228件，在全国225家被评估法院中名列前茅，该院民事、行政案件的直播比例相对较为合理，但刑事案件的庭审直播情况不太理想。虽然刑事案件具有较高敏感性，但希望该院日后可以在选取直播的案件类型上稍作平衡。

（五）画面质量

庭审直播案件的视频画面质量，是庭审直播中至关重要的一个方面，如果画面不清晰，则庭审公开的效果就大大打了折扣，甚至有名无实。根据最高人民法院对科技法庭建设的相关技术要求，庭审录像设备应该达到高清标准。因此，该项三级指标设置的满分标准为：庭审视频画面质量达到高清程度（1080p）。虽然由于技术水平的限制，当前准确判断每一个庭审直播画面是否达到高清标准仍比较困难，但从与全国其他法院的案件视频抽查情况对比来看，驻马店中院庭审直播案件的画面清晰度，仍有继续提高的空间。

（六）证人、被害人及需要保护的出庭人员保护与个人信息保护

在一个庭审案件中，尤其是刑事案件中，除了惩恶扬善，为受害人讨还公道外，对法庭各方当事人，尤其是证人或鉴定人的保护也至关重要。除此之外，受害人、证人甚至是嫌疑人的个人信息保护也非常重要。该项三级指标设置的满分标准为：法院自行申报涉及证人、未成年人等需要保护的出庭人员案件，有相关案件且案件直播视频采取了技术保护措施（如声音和图像处理）的，经课题组审核，即可根据评估标准计分。该项指标设置的合理性在于：在大力推动庭审直播常态化的同时，要牢记网络是双刃剑，不符合法律规定的案件绝不公开直播，对于上述出庭的需要保护的人员必须做好技术保护措施。

驻马店中院在申报材料中表明，2017 年本院并无此种案件。这也恰恰从另一个层面印证了，该院在庭审直播中刑事案件播出太少，在观念上和制度上，也未对刑事案件庭审直播中的相关信息保护工作做好充分准备。因此，该项指标适当扣分。

（七）板块建设

该项三级指标设置的满分标准为：法院在其官方网站主页上设置了直接可以链接到中国庭审公开网的

板块或链接区域。该项指标设置的合理性在于：目前中国庭审公开网作为新的司法公开平台仍处于初期推广阶段，为积极扩大该平台的社会公众知晓度，并方便群众了解、使用该平台，同时鉴于最高人民法院对庭审公开（庭审直播）工作的重视与一再推动，各法院应在各自的官方政务网站首页上设置明显板块，标注“庭审公开”或“庭审直播”字样，用户点击后即可直接链接至中国庭审公开网。

课题组成员在网页上搜索定位至“河南省驻马店市中级人民法院”（网址：zmdzy. hncourt. gov. cn/）后，在首页右上部分查阅到了“庭审直播网”字样，但点击后并未链接至中国庭审公开网，因此驻马店中院该项指标不得分。

（八）主管领导与主管部门

庭审公开工作考验相关审判人员的职业素养、庭审驾驭能力，考验当事人的守法精神与个人修养，考验人民法院信息化尤其是科技法庭建设水平。庭审公开工作作为一项新生事物，尤其考验最高人民法院的统筹协调推动能力，以及各级人民法院的审判管理能力。事实上，也正是由于庭审公开对法院各方面要求比较高，在国外一直推进困难，障碍重重。然而，正是在有中国特色的政法体制和人民法院管理体制下，最高人民法院通过审判管理部门具体负责推行庭审公开工作，从而克服了形形色色的困难，取得了重大成就。

根据最高人民法院机构职能设置，审判管理部门主要负责最高人民法院受理案件的流程管理、质量评查，监督检查法定审限执行情况，督办重要案件，承担审判委员会事务管理、司法公开、审判经验总结等工作。审判管理系“人民法院在审判案件的整个诉讼活动过程中，为了使审判工作合法、有序、高效地开展，由法院内部有关部门和人员通过一定的制度、手段对审判工作进行科学、合理的分工、协调、规范、监督和指导，从而保证案件审理的各个环节、各个方面能够顺畅运转，以实现公正和效率的整个过程”。2010 年 11 月，最高人民法院成立审判管理办公室，统筹兼顾审判管理、司法人事管理、司法政务管理，地方各级人民法院纷纷紧随其后进行了机构设置改革。自此，审判管理办公室作为法院内部从事审判管理的专门机构，在全国法院中有了较大程度的发展，审判管理办公室的设置是全国各级人民法院通过数十年司法改革进行甄选、比较、权衡确立的管理机构。

根据最高人民法院的安排，人民法院审判管理部门负责包括庭审公开工作在内的司法公开工作。近年来，特别是党的十八大以来，审管部门与信息中心、技术部门、研究室及其他部门相互配合，按照最高人民法院的安排，参与和推动了包括中国庭审公开网在内的司法公开平台建设、庭审公开工作巡查通报、督促各级各地法院贯彻落实最高人民法院庭审公开相关要求、司法公开相关司法文件出台等各项工作，是我国庭审公开工作取得重大成就的一个重要推动因素，也体现了有中国特色社会主义司法制度的独特优势。

根据最高人民法院的要求，各级各地法院都应该由审判管理部门来归口对庭审直播工作进行管理。该项三级指标设置的满分标准为：庭审直播工作有负责的领导人员和领导部门（领导部门应为各院审判管理办公室），职责分工明确。因为，专门的领导负责有利于真正推动庭审公开工作，法院审判管理办公室统一负责管理庭审直播工作更是本职所在，且日后有利于全国法院系统统一安排、监督工作的开展。

根据驻马店中院自报的法院材料，该院虽有专门领导队伍负责庭审直播工作，但文件并未显示该院负责此项工作的部门为“审判管理办公室”，因此该项指标最终按规则适当扣分。

（九）庭审直播公告内容

鉴于庭审直播公告的无痕性，课题组随机抽取了3个日期对被评估法院的庭审公告进行抽查。

该项三级指标设置的满分标准为：在课题组随机抽查的三个日期中，被评估法院当日有庭审直播公告且公告内容包含“案件名称”“开庭时间”“开庭地点”三项基本项的得满分2分，无庭审直播公告的不得分，三次抽查的平均分作为该项指标的最终得分。

驻马店中院在2017年12月29日的被抽查日期中，无庭审直播公告，因此该次抽查本项指标不得分，并在该项三级指标最后的得分中扣除。

（十）庭审直播公告准确性

该项三级指标设置的满分标准为：法院于上述被抽查的若干日期中对庭审直播案件进行直播公告且案件如期直播的，得满分。对于以下三种情形：（1）庭审直播的案件与公告的案件不一致；（2）未按照提前发布的直播公告进行案件直播且没有提前发布取消该直播案件的公告的；（3）抽查当日及顺延日无庭审直播公告的。发现以上任意一种情况，均按规则扣分。驻马店中院由于在2017年12月29日并无公告，因此本项指标最终被按规则适当扣分。

二　以河南法院庭审直播网为依托进行的统计分析

在评估期间，课题组成员还对驻马店中院2017年

1—9 月在河南法院庭审直播网上的共计 808 个庭审直播视频进行了全样本观看和分析。此部分工作一方面是考虑到驻马店中院在两大平台上的庭审视频并不完全一致，如两大平台案件页面上所显示案件信息的差异等；另一方面课题组也希望通过单独对驻马店中院在省内自建直播平台的表现进行观察分析，更加全面、客观地评估驻马店中院的庭审公开工作。同时，通过不同平台的对比观察，也有利于课题组发现更多该院目前庭审直播工作存在的问题，并为下一步该院的工作改进提出更加合理、全面的建议。

该部分分析主要包括案件数量统计、案件视频时长及完整性、庭审视频效果以及其他问题共 4 个方面内容。具体数据分析详见下文。

（一）案件数量统计

1. 各类型案件总数

表 3－2　　驻马店中院 2017 年 1—9 月案件基本情况

案件类型 案件情况	民事案件	刑事案件	行政案件	审监案件	合计
案件数量（件）	679	40	52	37	808
数量占比（%）	84.0	5.0	6.4	4.6	100

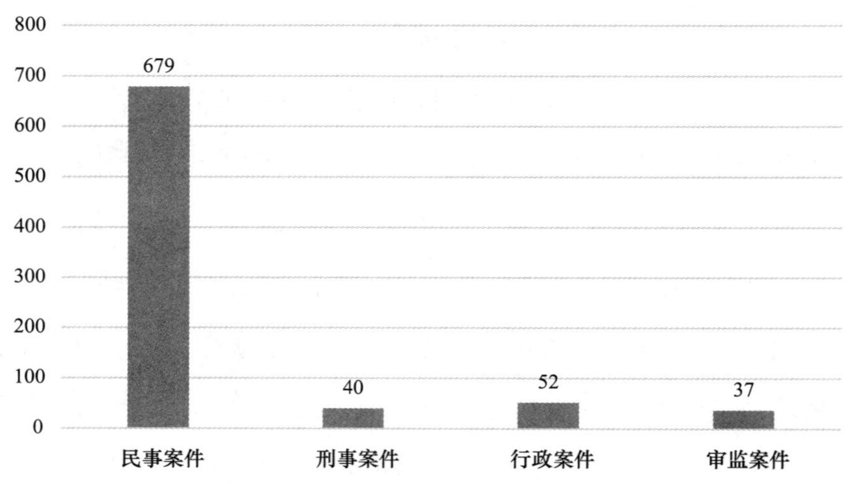

图 3－1　驻马店中院 2017 年 1—9 月各类型案件数量（件）

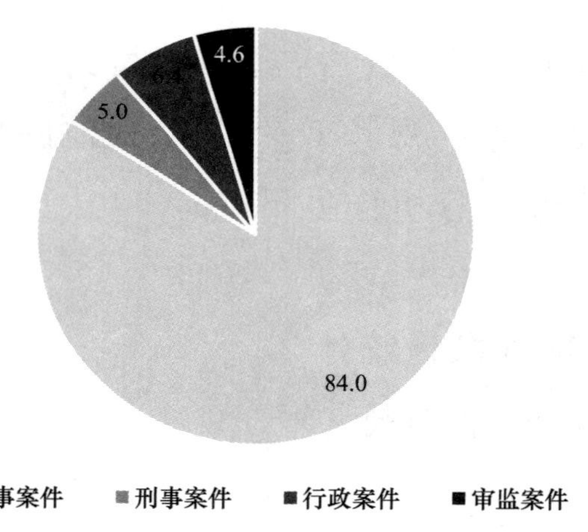

图 3－2　驻马店中院 2017 年 1—9 月各类型案件占比（%）

表 3－2、图 3－1、图 3－2 显示，2017 年 1—9 月，驻马店中级人民法院庭审公开网共上传了 808 个案件的庭审直播视频。据表 3－2 和图 3－1 显示，驻马店中院开展庭审视频直播的案件中，民事案件数量最多，为

679 件，占总案件数量的 84.0%；刑事案件有 40 件，占比为 5.0%；行政案件有 52 件，占比为 6.4%；审监案件数量最少，为 37 件，占比为 4.6%。这个比例，与在中国庭审公开网上的数据基本上是一致的，印证了该院在庭审视频直播中案件结构失衡的问题。

2. **各类型案件数量月份分布**

表 3－3　　**驻马店中院 2017 年 1—9 月案件直播数量**

月份	1 月	2 月	3 月	4 月	5 月	6 月	7 月	8 月	9 月	合计
案件数量（件）	1	4	89	81	109	182	158	61	123	808

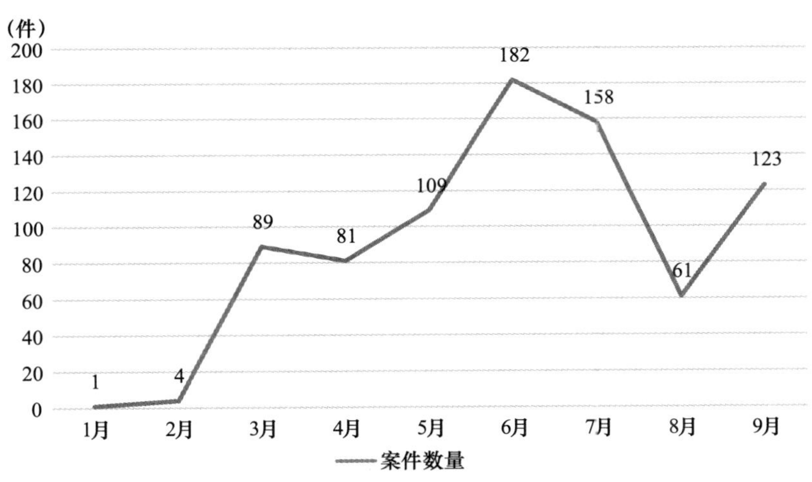

图 3－3　驻马店中院 2017 年 1—9 月案件直播数量

根据表 3－3 和图 3－3 可以看出驻马店市中级人民法院在 2017 年 1—9 月每个月的案件数量增长情况，1 月、2 月案件直播数量极少，到 3 月同比增长幅度较大，4 月直播视频数量基本与 3 月保持平衡，5 月、6 月直播视频数量再次激增，并在 6 月份达到顶峰；7 月案件直播数量有小幅度下滑，8 月骤降至 61 件，9 月第三次激增，直播案件数量达到 123 件。根据课题组调研获得的情况，这种情况是由于在 2017 年前 4 个月，该院仍然处于庭审直播工作的准备状态，并在 4 月份完成了设备改造和人员配备工作。所以，该院在 2017 年 5 月份之后，庭审直播案件增长明显。

3. 三类案件类型数量统计

表 3－4　驻马店中院 2017 年 1—9 月民事案件庭审数量

月份	1 月	2 月	3 月	4 月	5 月	6 月	7 月	8 月	9 月	合计
案件数量（件）	1	0	66	68	71	173	154	41	105	679

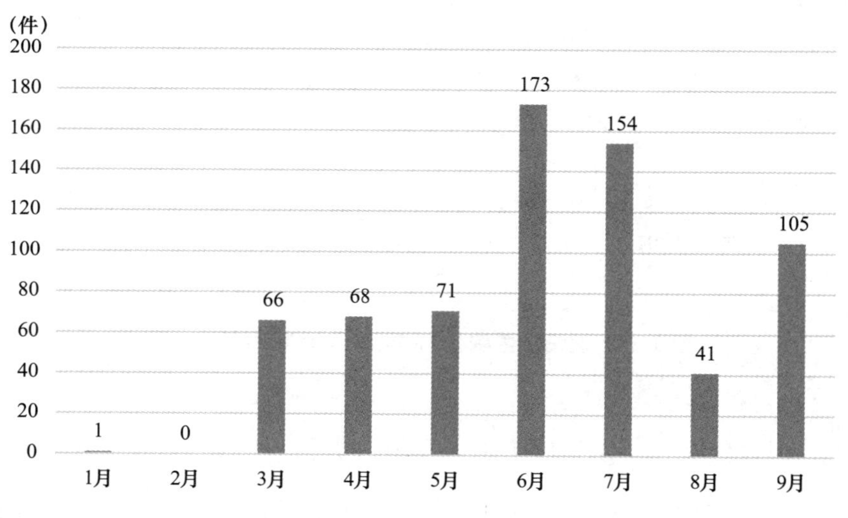

图 3－4　驻马店中院 2017 年 1—9 月民事案件数量

表 3－5　　　驻马店中院 2017 年 1—9 月刑事案件庭审数量

月份	1 月	2 月	3 月	4 月	5 月	6 月	7 月	8 月	9 月	合计
案件数量（件）	0	4	3	9	9	3	2	5	5	40

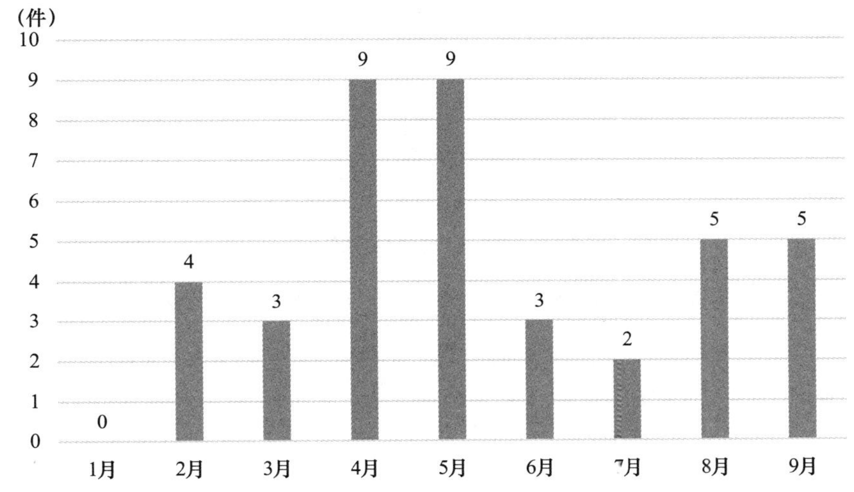

图 3－5　驻马店中院 2017 年 1—9 月刑事案件数量

表 3－6　　　驻马店中院 2017 年 1—9 月行政案件庭审数量

月份	1 月	2 月	3 月	4 月	5 月	6 月	7 月	8 月	9 月	合计
案件数量（件）	0	0	20	3	11	0	2	7	9	52

根据各类案件在每个月的数量统计情况，各类案件在 1 月和 2 月的视频数量极少甚至没有，这与我国在公历 1 月和 2 月恰处在中国农历新年期间不无关系，更重要的原因还在于该院此时还处于庭审直播工作的筹备状态，自 5 月起各类案件数量逐渐增加或者持续

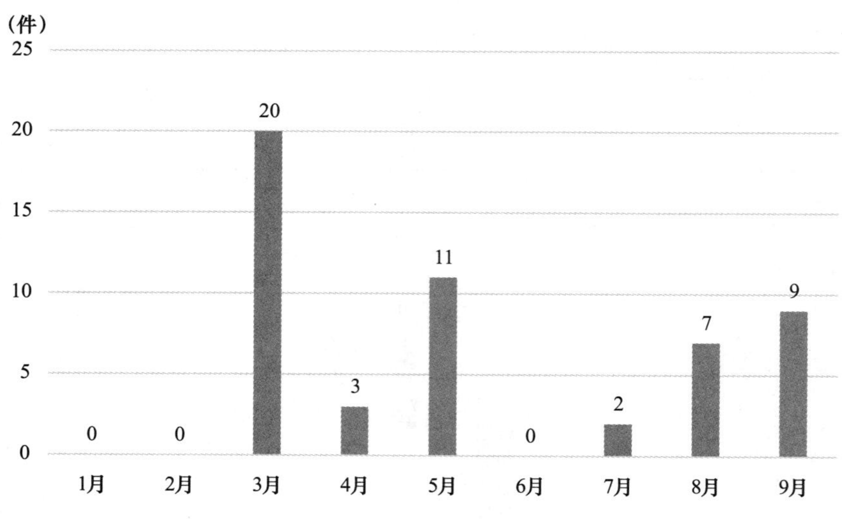

图 3－6 驻马店中院 2017 年 1—9 月行政案件数量

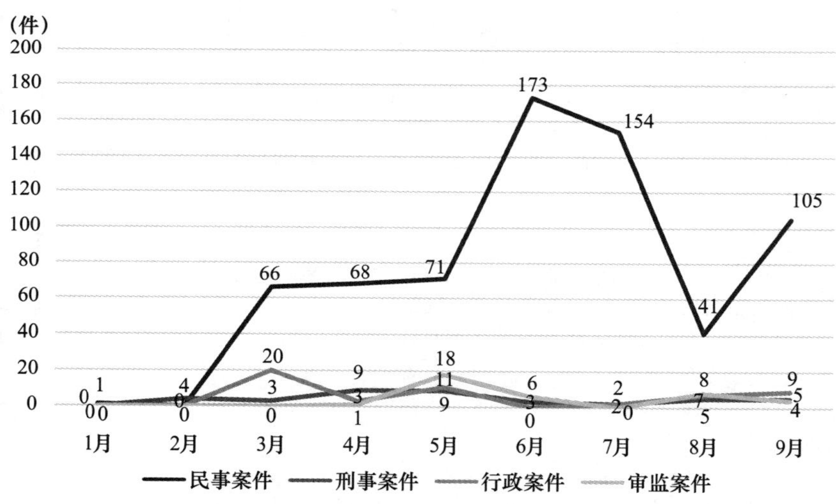

图 3－7 驻马店中院 2017 年 1—9 月各类案件庭审数量

稳定于一定数量水平。民事案件视频数量的高峰在 6 月和 7 月，8 月案件数量减少，9 月回弹；刑事案件视频数量的高峰在 4 月和 5 月，6 月和 7 月数量有所减少，8 月和9 月有回弹趋势；行政案件视频数量规律性极弱，行政案件视频数量高峰在3 月份，但也并不能说明这类案件的发生时间集中在3 月，这里需要适当考虑我国法院在进入春节假期之前的立案政策。

（二）案件视频时长及完整性

课题组在中国庭审公开网对若干法院的案件抽查与统计时发现，部分法院为了走量，显得直播案件量多，往往有选择性地直播案件，许多案件整个审理过程竟然只有几分钟。虽然根据诉讼法的规定，个别案件不排除几分钟即审理完毕的可能，但大量庭审视频直播案件只有几分钟，只能说明相关法院在“拣软柿子捏”，有应付庭审视频直播工作和第三方评估之嫌。但鉴于根据当前的法律和司法文件，目前对庭审直播案件审理时间设置指标并不成熟，因此在对全国225 家受评法院进行评估时，并未设置视频长度的指标，而是重点考察视频的完整度。在对驻马店中院的考核中，课题组尝试对其2017 年1—9 月808 个庭审直播案件的视频时长进行了统计和分析。

根据视频时长统计，民事案件的视频平均时长为33 分14 秒，刑事案件84 分53 秒，行政案件51 分19 秒，审监案件34 分58 秒。这说明，刑事案件的庭审视频直播，不仅可能比较敏感，而且在技术上也更加复杂，耗费成本也会更高。但是，社会公众往往更关心刑事案件，在就225家全国各级各地法院进行庭审公开第三方评估时，课题组从对中国庭审公开网观看量较大的案件所进行的统计发现，观看量大的案件，多集中在刑事领域。

根据视频完整性统计，整体而言驻马店市中级人民法院上传的视频完整性非常高，刑事案件的视频完整率高达100%，民事案件视频完整率为99%，行政案件为92%。在课题组观看的648个庭审视频中，共有10个被评价为不完整的庭审视频，包括6个民事案件视频和4个行政案件视频。视频不完整体现在以下两个方面：第一，视频所展示的庭审内容不完整，即庭审没有完整地展现案件的流程，案件明显没有走完所有的程序而仓促结尾，这类案件有2件，均为行政案件；第二，视频本身的质量使得无法判断其是否完整，比如视频存在声音或画面缺失问题，10个不完整视频中的其余8个都表现为此。

表3-7　　案件视频时长及完整性统计情况

案件类型	民事案件	刑事案件	行政案件
平均时长	33分14秒	84分53秒	51分19秒
不完整视频	6个	0	4个
视频完整率	99%	100%	92%

（三）庭审视频效果

在统计过程中课题组成员发现，就庭审视频效果而言，主要存在两类问题：一是视频声音问题，二是视频画面问题。前者主要表现为视频声音极小或缺失，对于个别案件，例如“上诉人驻马店市新航混凝土有限公司与被上诉人节状志买卖合同纠纷案（民四）”一案，即使课题组成员将电脑扬声器调至最大音量也难以听清楚，视频的内容无从展示，这无疑与庭审视频直播网的庭审公开目标相悖。后者则是指视频画面不清晰或缺失，例如“上诉人周爱花与被上诉人李东方，郭附山贾贺喜建设工程施工合同纠纷（民一）”一案即全程只有声音却无图像，这类情形也使得庭审直播的效果大打折扣。

（四）其他问题

该部分问题诸如缺少案号和案情简介、案由不规范等已在本章第一部分评估工作指标设计和实施中予以考量，并且前文对于驻马店中院在本次评估中具体指标的得失分情况已做了详细的分析，因此此处不再赘述。

但需要补充说明的是，有些法院自建庭审视频直播平台，虽然可能导致重复建设、资源浪费，而且使得全国庭审视频直播工作不能做到一盘棋，更难做到技术标准的统一。但作为历史遗留问题，是否全面取消地方法院自建的庭审视频直播平台，仍然存在争议。但无论如何，地方自建平台即便要保留，也应该与中国庭审公开网上的数据信息保持相对一致，做好互联互通工作。通过省内自建庭审直播平台，有利于法院纵向仔细对比分析本省内其他法院的工作情况，同时也便利省内群众及时关注、定位本省内部某一法院的具体庭审直播情况；而中国庭审公开网这一全国性平台，有利于法院扩大视野，横向对比分析本院在全国法院系统中庭审公开工作的开展程度。

此外，两种不同平台的建设也有利于二者的相互借鉴和完善，从而进一步为我国的庭审公开、司法公开事业积累更多的实践经验和做法。

第四章　驻马店中院庭审公开的成绩与经验

自2010年开展庭审直播工作以来，经过3个阶段的发展，驻马店中院的庭审公开工作从“从无到有”到位列全国法院前茅，取得了飞跃式的发展。在这一过程中，驻马店中院根据最高人民法院部署和上级法院的指示，大胆实践、积极探索，尽力克服庭审公开工作推广中的一系列困难，如早期法官对庭审直播的积极性不高、当事人对案件直播抵触心理严重、法院投入成本不足、庭审直播制度规范缺失等，最终取得了可喜的成效，并积累总结了珍贵的实践经验。

一　驻马店中院庭审公开工作的良好成绩

与世界大多数国家，尤其是西方国家法院相比，中国庭审公开更具积极的实践精神。近年来最高人民法院一直大力推动司法公开工作，在中国庭审公开网这一全国性庭审公开平台建立初期，一些地方的法院走在全国前列，为庭审公开的发展作出了宝贵的探索，体现出我国改革开放中弥足珍贵的地方实践的积极性。各级各地人民法院的积极实践无疑为中国庭审公开的发展提供了宝贵经验。正是地方创新精神与中央顶层设计的结合，不仅使庭审公开在观念上得到国家层面的重视和推行，更促使整个法院系统从思想上重视起来，在实践上行动起来，我们才实现了短短数年间在智慧法院建设上的巨大进步，构建了开放动态透明便民的阳光司法机制，建立了审判流程、庭审活动、裁判文书、执行信息四大公开平台。在这其中，驻马店中院的努力，也极具典型性。

一是按要求接入了全国统一的庭审公开平台，并进行了常规性直播。由于历史原因，河南省高院一直自建有庭审直播平台，并要求全省法院统一接入。曾经有一段时间，由于河南省法院系统庭审直播平台与全国统一庭审公开平台之间未能顺畅对接，也给驻马店中院在中国庭审公开网上进行庭审直播带来了障碍。但在机制性障碍排除之后，驻马店两级共 11 家法院立即积极接入全国统一的庭审公开平台并进行庭审直播，截至 2018 年 7 月 29 日，驻马店两级法院已经累计在中国庭审公开网直播 7723 件。考虑到驻马店并非经济发达地区，收案量并不大，这个数字已经比较可观。

二是审判质效得到明显提升。开展庭审视频直播工作以来，驻马店市两级法院法官素质提升明显，社会各界广泛认同，审判质效提升驶入了“快车道”。2017 年全市法院服判息诉率为 91.05%，民事案件调解撤诉率为 41.49%，诉讼案件被改判发回重审率为 1.66%，同比有较大幅度的提升。特别值得指出的是，驻马店市两级法院在累积超过 7700 件次庭审直播中，从未出现过任何负面舆情。

三是在庭审直播制度建设上颇有成效。庭审公开作为一项新事物，需要权威、统一且完善的制度来予以规范和指引。但制度供给需要与国家庭审公开的实践状况共生共长，具有普遍指引性的法律和司法解释还需要实践依据和总结，同时需要经过实践检验并不断完善改进。庭审公开实践的推进，以及在实践中所取得的长足进步，既促进了当前各级各地法院因地制宜地出台本院制度，也有助于国家将来出台统一全国性的法律或者最高法院司法文件。目前最高人民法院制定的关于司法公开的文件主要有人民法院相关改革纲要中关于司法公开的规定，如《最高人民法院关于司法公开的六项规定》《最高人民法院关于庭审活动录音录像的若干规定》等，这些文件对法院庭审公开工作的制度建设和规范管理作出了提纲挈领的规定。

在进行全国225家法院的庭审公开第三方评估时，课题组发现全国共有12家法院在制度建设这一指标上获得满分，其中河南省有7家法院全部获得满分。经课题组实地调研发现，河南省高院历来重视庭审直播工作的规则制定工作，驻马店中院也积极出台了庭审直播相关制度规范。该院结合工作实际情况，及时制定完善了《庭审直播实施细则》《庭审直播礼仪规范》《法院庭审录音录像工作实施细则》《接受新闻媒体舆论监督办法》《庭审直播考核办法》等规章制度，明确了庭审直播案件的范围、审核程序及技术规范，并纳入对庭室的考核范围之内，尤其是在2017年司法改革实行法官员额制后，该院将员额法官开展庭审直播情况纳入考核，使庭审直播逐步规范化、制度化、常态化。

四是庭审直播与科技法庭建设相得益彰。庭审直播作为一种依托于互联网技术的现代司法公开形式，需要一定的设备、技术作为支撑。近年来，全国各级法院持续加大对司法公开的资金投入力度，不断完善硬件建设和技术条件，为司法公开提供了强有力的物质保障。课题组在调研过程中发现，在庭审直播工作开始之初，有的法院，特别是经济欠发达地区的基层法院仅配备一台像素较低的标清摄像设备，网络基础设施跟不上，网络带宽也不够用。因为设备配置不足造成资源使用和资源分配的紧张，使得很多基层法院的案件主审法官在开庭审直播时，需要提前向院机关预约场地，严重制约了法官进行庭审直播的积极性，限制了法官庭审开展直播的数量和质量，直播效果也不尽如人意。同时部分法院缺乏相关的技术人员和管理部门，严重阻碍了庭审直播工作的开展。

为了更好地开展庭审直播工作，驻马店中院相继投入资金近千万元，在中院 15 个审判庭及全市基层法院的 55 个派出法庭全部安装高清庭审直播设备。为了保证直播数据传输流畅，进一步提升直播效果，中院各审判庭和全市派出法庭安装了庭审直播专线，专门用于直播的数据传输。为达到最好的直播视觉效果，中院成立了专门的庭审直播工作保障小组，负责庭审直播的系统调试、直播公告的发布、直播期间的设备操作，确保每一个直播案件视频流畅清晰，画面美观同步，为庭审直播工作的进一步深入推进奠定了重要的物质基础。专业技术人员配备方面，为实现多庭的同时直播和有效完成好直播前期预告准备、中期技术保障排查、后期校检编辑的大量繁杂工作，该院通过社会购买服务形式，招录 6 名专业人员，将庭审直播技术保障服务外包给技术公司，借助社会力量，有效提升庭审视频直播技术服务和保障水平。

五是形成了流畅的庭审直播工作机制。驻马店两级法院党组高度重视庭审直播工作，明确将庭审直播工作作为“一把手”工程，坚持执法办案与庭审直播“两手抓”，两级法院院长切实负责、亲自部署，加强对庭审直播的组织、领导、考评、研究，健全庭审直播专项通报、考核、评查制度。2016 年以来，中院党组先后 10 余次对庭审直播工作进行专题研究，对工作中存在的困难和问题，逐个进行分析研究，逐个制定解决方案，逐个进行跟踪问效，为庭审直播工作提供足额人力、物力、财力保障。

推进庭审直播，加强组织领导是关键。驻马店市中院党组将庭审直播工作列入重要议事日程，先后多次进行专题研究，协调解决存在的困难和问题。驻马店中院及时成立由一把手任组长的全市法院庭审直播工作领导小组，对相关工作进行安排部署，全力推进庭审直播工作有效开展。与此同时，驻马店中院严格要求所辖各县区法院同步开展，从而形成了上下联动、点面结合、齐抓共管、协同推进的工作格局，保证了庭审直播工作专人抓、专人管，形成整体合力，确保了庭审直播工作的顺畅运行。

二　驻马店中院庭审公开工作的经验

一是领导组织得力。庭审公开难度很大，但说难也不难，关键看一把手是否重视。驻马店中院领导高度重视庭审公开工作，一直以来将全面推进本市的庭审直播作为一把手工程来抓，并合理统筹安排庭审直播工作的开展。面对法官的犹豫和畏难情绪，院领导亲自动员；针对经费不足、设备落后的问题，也多方努力，积极改进。该院一开始便将庭审视频直播工作情况纳入法院工作目标考核范围，建立完善科学有效的考核机制，从而倒逼法官积极参与庭审直播。在开展庭审视频直播工作时，该院注重庭审直播的法律效果与社会效果，在案件选取、社会宣传等方面积极开展工作，努力达到吸引社会公众的关注和普法效果。此外，该院还定期开展直播案件评选活动，树立标杆，以点带面，发挥模范带头作用，促进整体法官工作积极性的提高。为了尽可能减少阻力，该院将庭审直播工作落实到责任部门和责任人员，切实做到分工具体、责任明晰，确保将庭审视频直播工作的各项任务落到实处。

二是努力提升业务水平。庭审直播将案件庭审过程置于人民群众和社会的监督之下，这要求法官以更加审慎的态度对待每一个案件，客观上倒逼法官不断提升司法业务水平，特别是提升驾驭庭审的能力。因此，除将庭审直播纳入法官考核，从客观上提高法官参与度之外，驻马店中院还通过宣传、教育、培训等方式，鼓励法官积极提升自身业务能力，加强自身审判能力提升，使法官从主观上积极参与，提高庭审直播的质量。庭审直播一方面对法官能力、素质和作风是一种考验，另一方面也为法院提供了一个锻炼干警业务水平，发现人才、培养人才，展示司法改革成效的平台。

三是做好每一次庭审直播的准备工作。要顺利完成一件案子的直播，需要做好充分的直播前准备工作。首先，选取庭审直播案件后，工作人员将庭审直播日程安排和注意事项告知案件承办人，提醒并配合案件承办人在庭审直播前深入熟悉案情，详细了解双方当事人情况及争议的焦点问题。其次，工作人员要提前与当事人做好思想沟通，消解当事人对庭审直播的抵触情绪。再次，庭审前，书记员及法官助理按照要求完成庭前证据交换和庭审笔录等各项工作，为后续展现连续、完整、高效的庭审过程做好准备。最后，后勤服务人员和安全保卫人员负责突发事件处理、科技法庭设备调试、法庭卫生保持等各项工作，并对庭审直播中有可能出现的意外情况做好预案。

四是严格要求庭审礼仪。由于庭审视频直播直接对开庭实况进行彻底展示和公开，因此，法院应注重并严格规范办案法官庭审礼仪的日常培养。驻马店中院在法官的庭审着装、行为和语言方面均制定了严格的礼仪制度。首先，在服装上，驻马店中院要求审判人员必须着法袍，书记员、法警统一着装，保证按时到庭，保持良好的精神面貌。其次，在庭审中，驻马店中院要求法官规范使用庭审语言，禁止使用法官忌语，以提高庭审直播的通过率，树立法官良好的司法形象。再次，强化法官在信息化环境中驾驭庭审能力的培训和锻炼，提升法官熟练掌握网络直播环境下庭审程序组织、证据展示、各程序环节的衔接及与网民互动等方面的技能，增强法官责任心、综合素质和办案水平。最后，驻马店中院致力于将庭审视频直播打造成促进案结事了、展示法官良好形象、提高司法公信力的良好途径。

五是强化沟通理解工作。虽然我国诉讼法中不乏关于案件公开审理的规定，但由于庭审直播直接将原属于小范围内公开的当事人之间的纠纷展示在网络平台上供社会公众观看甚至评议，因此，做好当事人的沟通工作仍十分重要。在网络庭审直播前驻马店中院会对案件的性质、案件对双方当事人的影响以及对社会造成的影响，进行舆情风险评估，确保每一个直播的案件在能使当事人达到满意的同时取得良好社会效果；同时，法官会提前与双方当事人做好沟通，告知其案件将进行网络直播，对当事人担心的问题进行解答并作出适当处理，同时向当事人说明强调网络直播旨在“就事论事”，公开审判过程，强化法制宣传，消除当事人的后顾之忧，取得当事人的理解和配合。

六是做好充分的技术保障。庭审直播作为高度依赖现代化信息技术的一项工作，要求对审判庭的技术升级改造、人员培训等给予充足的人、财、物投入。特别是在人员配置上，不但需要具有法律素养的工作人员，也需要具备计算机、摄像、布局等方面知识的技术人员，从而整体为实现庭审网络直播的常态化打下坚实基础。因此，驻马店中院对庭审直播中经常出现的技术问题，组织技术人员进行专门培训，并制作专门的操作规程；对于庭审直播中发现的新技术问题，该院鼓励工作人员及时上报，积极尽快解决，保证庭审直播工作的顺利进行。

七是积极开展庭审直播宣传工作。社会公众参与庭审旁听，是司法公开原则和制度的重要表现形式和要求，也是人民法院实施司法公开制度的重要途径。公众参与庭审旁听，不但具有监督的广泛性，也具有法律教育的重要意义。因此，驻马店中院不断加强新媒体建设，强化司法公开的服务性、及时性和互动性。一方面，该院积极邀请社会各界人士直接参与案件的庭审直播，扩大与社会公众的互动；另一方面，该院同时通过互联网平台、微信公众平台、微博平台等新媒体对影响重大、社会关注度高的案件进行网络视频直播，扩大受众范围，加强庭审直播相关工作的宣传力度，最终致力于让人民群众切实感受到司法公开给其带来的公平、公正与便捷。

第五章　驻马店中院庭审公开工作的不足与建议

一　驻马店中院庭审公开工作的不足

驻马店中院庭审公开工作取得了快速发展，也改善了一些阻碍该项工作推进的部分难题。但在肯定成效的同时，通过本次第三方评估工作，也应该客观认识到该院在推进庭审公开工作过程中的不足，课题组共总结为以下8个方面。

（一）庭审直播的案件范围尚不明确

目前，法院在操作庭审直播时，对于案件的选择缺乏一个统一明确的标准。除最高人民法院规定所列举的不宜直播的案件外，其余案件是否适宜直播则由承办法官自行考虑。因此，在直播的案件选择层面，法官的自由裁量权并无相应的规制。此外，实践操作中，有些案件可能在庭审前并无不宜直播的情形，但庭审过程中可能会出现涉及隐私、商业机密等情形，在这种情况下，继续直播可能会损害当事人权利，但随意停止直播又可能造成民众的不信任。

目前，在我国对庭审直播的案件选取并无相关统一法律规范的背景下，建议：法院应尽量选取多种不同案由的案件进行直播，且注意平衡直播案件的类型比例，切忌单一失衡；尽量多公开直播人民群众关心的、与其日常生活相关程度大的案件；选取直播案件的范围时，不能仅仅站在维护自身法律形象的立场上选取众多案情简单、争议不大的案件进行直播，要综合展现法官的开庭控审能力，向人民群众展示真正的庭审现场。

（二）庭审直播的信息并不完整

目前各级法院尤其是基层法院审理的案件当庭宣判率并不高，庭审过程往往是程序化较强的当事人诉辩、举证、质证及法庭辩论。有些疑难复杂案件甚至需要多次庭审才能查明事实。因此，民众通过庭审直播获取的信息往往并不充分，了解到的可能仅仅是庭审的流程，缺乏对判决结果的了解。当案件的结果与其预期不符时，信息的不对称就会导致对司法的不信任。

针对该项问题，在提升法官综合素质、提高当庭宣判率的同时，对于多次开庭的案件，法院应保证该案的各个庭审视频均公开直播，并结合庭审直播公告做好预告工作，在涉及该案的多个庭审视频页面上附上该案的其他庭审视频网页链接，以便公众能全面便利地观看本案的全部庭审过程。最后，要注意中国庭审公开网与其他三大司法公开平台的联通，力求实现对一个案件进行全部诉讼阶段的展示。

（三）庭审直播视频的画面质量亟待提高

鉴于本次为第一次评估且结合全国法院的实际视频情况（许多被抽查视频出现画面质量清晰度差、黑屏、蓝屏等现象），课题组成员在本次评估工作中适当降低了该项指标的评分标准，但未来将会严格依照《最高人民法院关于加快建设智慧法院的意见》和最高院2016年印发的《科技法庭应用技术要求》对视频采集和庭审实况的要求——最终庭审视频合成画面分辨率要求不低于1080p来进行评估。驻马店中院在本次评估中虽然庭审视频较为清晰，但仍未达到上述标准，建议进一步更新设备，满足最高法院相关技术标准的要求，推行更让公众满意的庭审公开工作。

（四）人员配备不足，庭审直播不够规范

在专业技术人员配备方面，有的基层法院只单独

配备了一名工作人员进行兼职负责，缺乏相关的技术人员，加之对庭审直播这一技术运用的缺失，给庭审直播工作带来了很大的阻碍。庭审直播规范方面，庭审直播初期只对庭审的时间和庭审的形式进行了要求，对庭审的质量和规范化问题没有涉及。后来上级法院对庭审规范化要求越来越高，前期由于部分法官及技术人员对相关规范不熟悉，导致法官在进行庭审网络直播时，会因着装、秩序等各种原因中断，有的基层法院上传视频质量不高，出现了噪声过大、直播画面光线过暗、音频卡顿或者无音频、视频无画面等问题，致使通过率低，一批庭审直播案件上传后被删除。

（五）当事人与其他诉讼参与人权利保护欠缺

庭审直播最大的特色在于受众普遍，大众可通过网络等多种方式获取信息，这无异于将当事人置于众目睽睽之下，在此过程中，难免会对当事人的肖像权、隐私权产生挑战。有的当事人认为打官司本身就是一件不光彩的事情，不愿意通过网络直播将诉争事实公之于众，更倾向于“关起门来解决问题”。加之现代社会下，公民的法治意识仍有较大提升空间，网络的鱼龙混杂及媒体工作者素质的参差不齐，可能会给其日常生活、工作带来不便，故而当事人主动参与庭审直播的意愿较低。

庭审直播是否应当取得当事人的同意，如果当事人不同意庭审直播时应当如何处理，法律并未有明确的规定。如果将直播的决定权完全交给法院，那将剥夺当事人及其他利害关系人正常表达诉求的权利，与现代司法理念并不相符。此外，当直播中涉及与案情无关的诸如家庭住址、个人照片等自然人个人信息时，目前的庭审直播中对这些信息进行的技术处理并不足够（如马赛克、音频模糊处理等），存在当事人与其他诉讼参与人隐私泄露的隐患。

（六）直播案件类型不均衡

从统计情况看，该院每年的直播案件数量与审理案件的数量相比，所占的比例仍然偏低。从已直播的案件中看，案件选择上有避难就易倾向，直播的案件不少是法律关系简单、争议不大的案件，缺乏典型性、新颖性，像一些案情复杂的职务犯罪、黑社会性质犯罪、拐卖儿童犯罪等能引起人民群众关注、社会影响大的案件反而直播的少。从直播的各类案件的比重来看，三大诉讼中，民事案件占八成多，刑事案件仅占5%左右，行政案件的直播也微乎其微，而立案、执行等工作几乎没有开展直播工作。从已直播的案件看，绝大部分的直播案件只是对庭审过程的直播，很少有当庭宣判（调解案件除外）的直播，也很少有对判决结果的后续直播，导致网民对直播案件的了解不全面，影响了普法宣传和法治教育的效果。

（七）当事人认同度还不够高

当法院向当事人告知该案件会通过网络进行直播时，部分当事人尤其是被告不同意直播，更有甚者，有些被告因为得知案件将直播而不愿到庭，这样就导致法院只能缺席审理、缺席判决，不利于查清案件事实，化解当事人之间矛盾纠纷。加之对法院庭审直播的宣传不到位，许多网民根本不知道法院有庭审直播，而且直播预告也没有很好地突出宣传点，导致庭审直播的关注度未达到预期效果，影响了普法宣传和法治教育的效果。

出现此项问题的主要原因在于国人普遍存在的厌讼心理以及“家丑不可外扬”的传统思想。建议法院可以通过多开展社区普法宣传活动，向人民群众普及打官司（尤其是民事案件）并非见不得人的思想，诉讼只是解决纠纷、化解矛盾、处理问题的一种手段、方法和途径而已。而通过庭审视频的公开直播，日后个人（大家都是潜在的当事人）在遇到纠纷后，均可以自行观看网上的庭审视频进行学习，掌握基本的法律常识，对法院法庭审理此类案件有基本的认知，这对于诉讼各方主体来说均有益处。

(八) 庭审直播视频版权标注情况欠缺

在本次评估工作中，课题组发现该院所有的案件视频均未标明视频版权情况，即未在视频上标注显示“案件名称”“实时时间”“审理法院”等要素。虽然目前该项要求尚无明确的法律依据，但其对于庭审公开工作的顺利推行的确是有意义的。在庭审直播日益走向常态化的未来，对于庭审案件视频的转载、引用等情况必将愈来愈普遍，而视频版权标注则有利于防止、遏制一些纠纷争议的发生。因此，我们建议法院在庭审视频上添加版权标注。

二 驻马店中院深化庭审公开工作的建议

通过介绍上述驻马店中院庭审直播工作中的不足，并结合课题组成员在评估过程中的总结与经验，后文将以本次评估方案设计的 4 个一级指标作为切入点，对驻马店中院下一步庭审公开工作提出建议。

(一) 庭审直播方面

1. 实践中真正确立庭审直播常态化

传统上，最经典的司法公开就是允许公民旁听，但再大的审判法庭也只有几百或上千个座位，再高声的宣判也只能传出百米开外，而庭审直播恰恰能够实现人民群众“足不出户”便能沐浴司法公开的阳光。2009年以来，尤其是党的十八大以来，我国司法公开蹄疾步稳，成绩巨大，司法公开的内涵和范围逐步扩展，极大地提升了司法公信和司法权威。网络作为推进司法公开的重要手段和方式，对于司法公信力的构建与维护也发挥着重要作用。总体上说，当前中国的司法公开，在深度、广度以及现代化程度上，都在向国际高标准迈进，而网络或微博庭审视频直播通过“可视正义”的路径，可能很快会实现对西方发达国家司法公开的“弯道超车”。这是由于西方国家整体上对摄像机进入法院持有比较复杂的态度，大多是限制甚至禁止；即便许可摄像头进法院，也很难容许庭审视频直播；即便部分法院或法官允许庭审视频直播，但由于其法官对独立性的坚守，也很难全国一盘棋地推行庭审视频直播。因此，我们应该以更加开放的态度、更加灵活的观念、更加坚实的步伐，充分发挥我们的体制优势，真正实现对西方法治发达国家在司法公开上的“弯道超车”。

司法案件采用庭审直播方式不仅方便快捷，扩大了庭审公开的受众范围，确保了公众的知情权和参与权，而且庭审直播作为全新的司法公开手段，可以起到鼓励社会监督、防止司法腐败的作用。对于密切公众与司法的关系、建立良性互动和重建信任关系具有重要意义。

庭审直播不能“玻璃心”，不要怕法官“出洋相”，要通过公开来倒逼他们提升水平、更新观念，通过透明来压缩信息不对称所导致的腐败空间。因此，要完善庭审直播，就要进一步明确树立庭审案件以公开为原则、不公开为例外的理念，由现在的大多数法院实行的庭审公开审批制转变为不公开审批制，进一步规范庭审直播的内容和方式，使其能够更好地发挥司法公开功能，在司法公信力的构建中发挥更大作用。

2. 进一步提高法官参与直播能力水平

法律之所以神圣，就在于它的庄重、严肃和展现的力量。法庭中一切必备的形式要素都是为审判服务的。法庭的布置格局、法官的一言一行都会对当事人产生影响，尤其是会影响他们对裁判结果的判断与预期。法官作为法庭的掌控者，引导着整个庭审过程的推进，他们法律素养和职业水平自然是决定庭审直播质量的关键性因素。

庭审是法院在当事人、其他诉讼参加人、证人、鉴定人等参与的情况下对争讼案件进行实体审查和判断的司法活动，是法院全部司法活动的核心和主体环节。司法活动所追求的公平正义，在庭审中有着最为典型的体现。因此，法官按照何种规则和以何种行为方式进行庭审，必然直接体现着司法活动的公正和形象。法官审理思路是否清晰，调解能力水平如何，能否有效维持法庭秩序，庭审语言是否做到音量、音调、语速适中，从而有效地传递信息，庭审节奏是否控制得当，争议焦点是否总结得具体、精当，以及庭审中突发事件处理是否得当，都至关重要。而从本次评估对直播案件的抽查情况来看，不少法官在职业能力与法庭礼仪上仍然有不小的提升空间。

针对这种情况，建议驻马店两级法院应进一步加强对法官的培训，不仅进行政治和业务水平的培训，也应进行法庭礼仪培训，提升法官庭审驾驭能力。尤其是应鼓励院庭长带头进行庭审直播，充分发挥院领导和执业年限较久、经验较为丰富的法官的引领示范作用，为全院法官树立榜样。在法院日常的业务交流中，也可以通过开展观摩庭审、示范庭审等方式，使庭审直播水平不断提升。

当然，必须强调的是，在当前尚未做到全部公开庭审案件均庭审视频直播的情况下，庭审公开工作无疑为那些积极开展了庭审直播工作的法官增加了负担和工作量。在尚有许多法官未进行庭审直播的情况下，已经进行庭审视频直播的法官事实上就是在做更多的贡献。对于这种贡献，法院不能“又让马儿跑，又让马儿不吃草”，应该纳入考核机制之中，在薪酬、晋升等方面予以充分考虑。

3. 加强对庭审直播中诉讼参与人的保护

“互联网+庭审”的技术让庭审变为法治的课堂，让围观的广大网民成为司法公正的见证者，让程序正义真正成为看得见的正义。但稍不留意，庭审直播也会出现隐私、信息泄露的问题。

一般来说，庭审直播需要特别注意的信息保护主体包括当事人及其家属、证人、未成年人等。一例成功的庭审直播需要做到以下两点：一是应对案件中涉及的个人隐私、商业秘密、国家秘密、未成年人保护、严禁传授犯罪手段及宣传有伤风化情节等方面作出处理。二是应树立保护诉讼当事人和参与人与案件无关的个人信息不被传播的观念，当直播中涉及与案情无关的诸如家庭住址、个人形象、身份证号、金融账号密码等自然人或法人的重要信息时，庭审视频直播要进行必要的技术处理，如马赛克、消音等措施。

（二）平台建设方面

1. 加强审判管理办公室的管理和职能

对比其他国家，庭审公开工作彰显了中国的特色，体现了中国体制的优势——审判管理部门的作用。我国法院内部的审判管理办公室对于指导、监督、督促法院庭审直播工作的开展具有十分重要的作用，但目前司法实践中全国各个法院的庭审直播工作尚分属于不同的管理部门负责，如信息处、宣教科、研究室等，这为全国范围内统一推广庭审公开工作设置了一定的障碍。

虽然比起其他的法院，驻马店中院领导极为重视庭审公开工作，但从该院申报材料来看，审判管理部门在庭审直播工作中的作用尚待加强。一方面，这有利于形成从最高法院到基层法院庭审视频直播的一盘棋格局；另一方面，通过归口管理，也能够更专业、更好地推进庭审公开工作。

2. 加大庭审公开工作经费保障与技术支持

庭审直播工作的开展离不开经费保障与成本投入，该成本主要包括以下方面：（1）软硬件购置成本（如计算机、网络设备以及带宽资源等）；（2）人员投入成本（如审判人员、法警、计算机操作人员和后勤保障人员等）；（3）时间成本（如庭审前后工作增多）；（4）风险成本（如舆论危机、损害法院形象等）；（5）其他成本（如耗材费、人工费、水电费、人员培训费用以及更新维护等管理费用）。整体来看，庭审直播工作的顺利开展确实“耗钱、耗时、耗力”，成本不可谓不高。因此，在法院的下一步工作中，必须加大对庭审直播工作的各项投入，包括资金经费与人力保障。在条件成熟时，应该开发更加简单、易于操作的一键式庭审直播操作系统，使得庭审直播系统像傻瓜相机一样方便，减轻审判人员的工作负担和心理压力。

3. 进一步强化庭审公开网络安全建设

利用互联网技术进行庭审直播，为新时代庭审公开工作提供了新的利器。但互联网是把双刃剑，大量数据积累和庭审实况的现场直播，也会带来一定的网络安全风险。这种安全，既包括技术安全，也包括供应链安全。一方面，相关法院应对庭审公开网络平台开发企业按照《中华人民共和国网络安全法》的要求进行安全审查。不仅要严格依据规则进行公开招投标，还应当对企业资质、技术能力和网络安全保护能力等进行极为严格的审查，采取严密的安全措施，避免和阻止网络被干扰、侵入或攻击。特别是对于有外资介入或者有境外背景的企业，要进行更为严格的审查，并禁止将提供服务支撑的服务器设置在境外，确保数据的存储、流动符合国家法律法规和标准的要求。

另一方面，明确庭审公开网络平台开发企业的责任与行为边界。司法机关应当与企业明确约定其在服务外包期间及服务中止后的责任，如企业应确保自身系统的安全稳定，维持并不断提升自身安全保障能力，严格管理员工行为，保证为司法机关提供的服务系统具有严密的封闭性，未经委托方授权不得进入系统，从而确保系统安全和供应链安全。

（三）制度建设方面

庭审直播规则是公开工作展开和推进的依据，在最高人民法院已经全面推行庭审公开近两年后，地方法院应积极提炼庭审公开相关规则与制度，特别是在本次课题考察评估中发现普遍缺少的诸如《庭审直播礼仪规范》《庭审直播行为规则》《庭审直播实施细则》《员额法官考核办法》等规章制度。

从本次评估情况来看，驻马店法院系统一直极为重视庭审视频直播的制度供给。但值得注意的是，此次制度建设在指标评估设置上，课题组考察的重点暂时放在制度“有没有”上，尚未触及制度“好不好”的层面。从课题组对驻马店中院现行庭审直播的梳理来看，这些制度的应急性、过渡性比较明显，尚难称得上是关于庭审直播的体系科学、逻辑严密、完备管用的优良制度。特别是，在江苏高院系统已经确定在全省法院系统推行以庭审直播为原则后，驻马店法院系统在庭审直播相关制度规范的指导思想及具体制度完善上，可以有进一步的提升。

（四）便民措施方面

1. 大力提高庭审直播公众参与度

庭审直播公众参与度的高低及其作用，涉及庭审公开制度的影响和作用。庭审直播的参与度，既能检验庭审直播案件的质量与效率，也能在一定程度上反映公开审判制度的实施状况。庭审直播参与度的效果与作用，应与裁判文书上网公开，尤其是与裁判文书中公开证据的分析与认定的过程、思路及相关法律规定相结合，综合分析其效果与作用。庭审直播作为公开审判的一部分，所起到的作用是基础性的，如果庭审直播案件中缺少了公众的参与，就失去了庭审直播的意义。因此，在庭审直播中如何调动公众参与的积极性、如何利用公众的参与提高庭审直播的质量，是下一步庭审直播工作应当引起法院重视的问题。

2. 继续扩大庭审直播影响

近年来，驻马店中院一直以政务网站为基础平台，通过手机短信、电话语音系统、电子触摸屏、微博、微信等技术手段，不断强化司法公开的服务性、及时性和互动性。通过进一步的宣传和互动扩大宣传效果，不断改善该院的司法公开工作和司法公开第四大平台建设工作，让人民群众能切实感受到司法公开给其带来的公平、公正与便捷。下一步，该院应继续加强与互联网、报纸以及电台、电视台的沟通联系，大力宣传报道法院庭审视频直播工作，增加公众对庭审视频直播的认识和了解，努力扩大该项工作的知名度和影响力，为积极推动庭审视频直播工作创造良好的社会环境。尤其是，应积极邀请人大代表、政协委员参与观看庭审直播。

3. 畅通网络沟通渠道

驻马店中院应加强与网民互动设计，建立起科学、畅通、有效、简便的民意表达机制，及时掌握民众需求。对网民提出的问题，案件合议庭成员或独任法官及时研究并客观、公正、依法进行及时跟帖回复。对于网民提出的意见和建议，专人负责整理和收集，向领导和有关部门上报，为其决策提供依据，对于处理的意见及时反馈。

结　语

庭审直播一方面满足了人民群众对司法的知情权和监督权。老百姓通过网络，随时可以查看自己关注案件的直播，使公正真正成为看得见、摸得着、感受得到的公正。另一方面，庭审直播使法官审理案件的全过程在网上晾晒，可以有效预防“暗箱操作”、遏制司法腐败，对法官形成倒逼机制，极大地减少开庭不规范现象，有助于树立和维护法院的形象和权威，提升司法公信力。

在此次评估中，驻马店中院的庭审直播工作开展在全国 225 家被评估法院中名列前茅。长期以来，该院大力推进庭审公开工作，积累了丰富的实践经验，也克服了大量的困难。而该院在此次评估工作中表现出来的成绩与不足，也值得全国其他法院借鉴经验、吸取教训。

庭审直播对司法公开的重要性不言而喻，全国各级法院均应高度重视，积极组织开展庭审直播工作，不断提升庭审直播工作的质量、效率和效果，促进庭审公开工作的常态化、制度化、规范化，为推进构建开放、动态、透明、便民的阳光司法机制作出自己的贡献。希望驻马店中院能够保持当前在庭审直播工作中的良好势头，继续从各个方面深化庭审公开，以公开促公正，以公正树公信，让老百姓有更多安全感、幸福感和获得感；同时，也在制度建设上，为将来出台全国性的庭审公开制度提供有益的镜鉴。

附录　驻马店市九名法官庭审直播心得与体会

一　驻马店市中级人民法院院长——张社军

庭审直播把法院的核心工作直接置于人民群众的监督之下，增强了群众感受司法的真实感和参与度，体现了人民法院不断推进审判流程规范化、标准化。推进司法公开的不懈努力，表明了人民法院努力实现让人民群众在每一个司法案件中感受到公平正义司法

目标的决心。打造司法公开“第四平台”、实现正义的可视化，是人民法院在司法改革背景下推进司法公开的重大举措，对于拓展司法公开的广度和深度，确保案件质量、提升司法公信力、树立法治权威，有着重要的现实意义。

特别是近年来随着大数据、云计算、区块链和人工智能等互联网信息科技的逐渐广泛运用，“互联网+法院”为人民司法注入新动能，国家智慧法院建设阔步迈入新时代。作为智慧法院建设的一部分，庭审公开通过常态化的视频直播，不仅可以开展更加精准高效的庭审自动巡查，还可以积累宝贵的司法数据，从而在充分运用信息科技的基础上，融合四大司法公开平台，整合线上线下司法审判资源，优化全链条人民司法各个环节，助力于破解以前难以解决的诉讼难题，重塑司法流程、诉讼制度和规则体系，实现我国诉讼制度体系在信息时代的跨越式发展，建设更高水平社会主义司法文明。

驻马店市是农业大市，经济社会欠发达，人民群众观念不够解放，司法工作也存在不少客观困难。近年来，驻马店市两级法院高度重视庭审直播工作，秉承“公平正义不仅要实现，还要以广大人民群众看得见的方式实现”的司法理念，克服重重困难，想尽一切办法，坚持把推进庭审直播工作作为深化司法公开的重要内容。特别是我们紧紧抓住市委政法委委托中国社会科学院法学研究所对我市法院该项工作进行专项评估的难得机遇，进一步完善措施，加大力度，有效地推动了全市法院庭审视频直播工作的深入开展。2017 年，驻马店全市法院完成庭审视频直播 5697 场次，在全省法院排名第一。在最高人民法院委托中国社会科学院法学研究所进行的全国法院系统 2017 年庭审公开评估中，驻马店中院该项工作的评估在全国名列前茅。

在看到成绩的同时，我们对在推进庭审直播工作中克服的问题和困难也深有感触。如在庭审直播工作开始之初，两级法院人员、技术保障基础薄弱，有的基层法院仅配备一台标清直播设备，配置较低，像素也低，法庭人员在开庭审直播时，需要向院机关预约场地；有的基层法院只配备了一名工作人员进行兼职负责庭审直播工作，严重限制了法官开展庭审直播的数量和质量，直播效果也差强人意；在庭审直播工作推进过程中，部分法官参与庭审直播积极性不高，对庭审直播有畏难情绪，存在庭前准备不足、庭审语言不流利、相关程序衔接不到位等问题；部分当事人对案件进行庭审直播较为抵触，不愿意通过网络直播将诉争事实公之于众，更倾向于“关起门来解决问题”，参与庭审直播的意愿较低；等等。

在接下来的工作中，我们将认真总结经验，深入查找庭审直播工作中存在的差距和不足，提出改进措施和办法，使推进庭审直播工作的思路更加清晰，措施更加有力，成效更加明显，不断提升庭审直播工作的质量、效率和效果，为推进构建开放、动态、透明、便民的阳光司法机制作出应有的贡献。

二　西平县人民法院院长——高健

自中国庭审公开网平台对接以来（截至2017年12月31日），西平县人民法院已累计庭审直播案件507件，位居全省基层法院第四名。

“互联网+司法公开”时代，庭审直播的高效推进正是在利用观众流量促进司法公开，按照2016年最高人民法院作出的“以最快速度实现庭审公开覆盖全部法院、全部法官、全部案件类型”的安排，西平县人民法院积极搭建“中国庭审公开网”司法公开平台，通过互联网让法院的庭审在阳光下进行，我们要求各庭室每庭必录，每庭必传，对排期开庭的案件逐一登记，由网管人员负责统一安排直播事宜，上传数量列入周通报、月奖评、年考评指数。

庭审直播对法官的专业素养和庭审把控能力提出了更高的要求。在前期的庭审直播遇到的困难中，首当其冲的就是法官们对庭审直播的认知，年轻法官害怕被围观，年长法官害怕普通话“出丑”，大家消极对待，导致庭审直播工作一度停滞不前。为了消除法官们对庭审直播的认识误区，我院党组高度重视，通过召开全院大会、中层干部会、庭务会，逐级动员部署，院领导带头示范，让大家充分认识到推进庭审直播工作的重大意义，从心底里接受庭审直播这项深化司法公开的新举措，从而倒逼法官提升庭审驾驭能力，达到以公开促公正强公信的目的。

庭审直播是打造阳光司法最直接、最有力的方法，而移动社交媒体已成为大众的获取信息的主要平台，但庭审直播仅依托法院自建的网络平台，较难在普通公众群体中产生较大影响，建议对庭审直播的应用场景和内容获取方式不断改进。

三　驻马店市中级人民法院法官——李晓龙

“直播”“网红”，看起来和“法院”“审判”两不相干，但庭审直播，却直接把法官推到了网络的最前沿。说实话，一开始我是拒绝的，用网络流行语来讲，那是“被直播”了。但任务就是任务，在无奈的开始“主播”生涯不久，我却发现，庭审直播的作用显而易见。

庭审直播让庭审秩序好了。在告知庭审过程全程直播后，当事人随意发言的少了，旁听人员随意插话、走动的少了。在摄像头注视下，诉讼参与人都下意识地注意自己在法庭上的言行举止。法官不用再费心费力地维持庭审秩序，无形中提高了庭审效率。

庭审直播让庭审水平高了。法庭是法官的舞台，庭审直播让法官的一言一行都时刻暴露在公众视线之下，没有哪个法官会不在意，因为这不仅代表自己，更代表了法院的形象，庭审直播倒逼着法官依法行使审判权。着装不规范的情况没了，法言法语用得多了，庭审程序更规范了。一年下来，不止一位律师向我感慨，现在的庭审再不是以前的“村头会议”了。

庭审直播让公众对法院法官的理解多了。庭审直播就是一堂堂法治公开课，虽然现阶段还免不了存在一些这样那样的问题。但只要我们坚持，司法流程和法治观念就可以通过这样的“公开课”得到普及，逐步成为社会共识，这种法治共识越多，公众对司法的误解和不信任就会越少。

庭审直播让正义看得见，让庭审“高大上”。这样的庭审直播，法官又怎会拒绝？我坚信，随着庭审直播的常态化，将司法“晒”在阳光下，人民群众与法院的距离必将缩短，司法权威也必将树立。

四　驻马店市中级人民法院法官——许卫卫

庭审直播是人民法院对外公开的重要窗口，公众通过直接或者间接参与庭审直播，有利于进一步了解审判流程，提高司法透明度、公信力。通过去年一年的庭审直播，我感触较深的有两点。

一是客观上提升了自身的审判水平。法官在庭审中的一言一行通过庭审直播定格，并被不特定的对象，在不特定的时间、空间随时监督，也使我们面临非常大的压力，为避免庭审中出现纰漏，法官必须能够驾驭庭审，这就要求我们业务知识详备，程序事项烂熟于心，一般在开庭前我们都会做更加细致的阅卷准备工作，庭审中也更加注重自身行为规范，客观上提高综合业务水平。

二是庭审活动更加规范理性。通过庭审直播，不仅规范了法官的言行，还监督了庭审现场所有的人。对参与庭审直播的当事人、代理律师、旁听人员来讲，他们的言行举止同样会面临无限制的监督，有些情绪激动或者无理取闹的当事人，在得知自己的一言一行会被网络直播后，大部分都能有所收敛，变得更加理智、诚实。对律师来讲，则更加注重专业表达。

五　驻马店市中级人民法院法官——孙强

“公平正义不仅要实现，还要以广大人民群众看得见的方式实现。”网络庭审视频直播是将审理诉讼活动的法定程序和参与形式通过网络媒介平台同步制作和发布信息，对庭审过程进行图文、音频、视频播放，是一种便于公众在第一时间了解庭审现状的双向互动直播模式。网络庭审视频直播是推进构建开放、动态、透明、便民的阳光司法机制的重大举措，是实现审判公开、公平、公正的扩大和延伸，是保障司法公正的有力措施。

网络庭审视频直播借助网络将庭审公开变得更为迅速快捷。庭审的陈设、人员、程序等无一例外地展现在公众面前，让人有直观的感受，从而全面了解案件的真相。庭审直播区别于传统的录播、转播，它无法对庭审现场出现的状况进行修改和掩饰，能最大限度且真实地记录庭审现场，有助于落实审判公开，实现舆论监督。

程序公正是实现司法公正的非常重要的一个方面。网络庭审视频直播可以让公众见证看得见的程序正义，可以激发公众对司法公开的参与热情，让广大网民真正成为司法公开的参与者和监督者。

相比于文字和书面以及口语化的普法教育，网络庭审直播使得人们在任何地方都可以在电脑、手机等网络客户端实时观看庭审现场，客观上使得能够看到庭审现场情况的公众数量大大增加，对于普及法律教育促进法治宣传具有重要的意义。

六　驻马店市中级人民法院法官——刘战

庭审直播公开面对全世界，在实施这个制度之初

怀有敬畏之心，既希望通过这种模式展示中国法官的良好形象和法律素养，又担心出现纰漏引发不良的舆情。

主要做法：庭审直播前精心准备，规范法庭现场设施，严格遵守庭审礼仪；沉稳应对庭审直播突发状况，对于出现的不符合法律规定的行为及过激的语言、行为沉着应对，及时提醒、引导、告知其不良行为将要承担的法律责任；注重归纳案件争议焦点，引导当事人针对争议的焦点举证质证；庭审调查结束前征求合议庭成员意见，看还有没有对案件事实不清楚需要继续查明的问题，以便于查清案件的事实，作出正确裁判。

效果：庭审直播现场规范；法官形象庄重威严；法律用语专业公正；法官正确驾驭庭审现场直播；通过参加庭审，双方当事人都能体会到法官不偏不倚居中审理；使参加庭审的人感受到法律的公正、威严、神圣不可侵犯，对法律产生敬畏心，以此达到对法院的裁判胜负皆服效果；向社会公众宣传法律的严肃性、公正性，彰显法院的良好形象，展现法官良好的法律素养。

七　驻马店市中级人民法院法官——刘涛

网络庭审直播是司法公开建设的重要举措，将案

件庭审全过程借助互联网平台向全社会公开，接受当事人和广大群众的监督，对规范司法行为、提高审判质量、促进法治教育均意义重大。但作为一名主审法官，对我而言，却经历了一个从最初的反对，到慢慢接受，再到极力赞同的思想转变过程。

最初反对的原因在于，庭审直播属于新事物，以前没有开展过，作为主审法官内心害怕出错。虽然对自己的业务能力有足够自信，但是庭审过程中，当事人不服从法庭指挥，甚至吵骂等扰乱法庭秩序的行为时有发生，一旦在庭审直播过程中，出现意外情况，再经过网络传播，不但有损法庭威严和司法形象，甚至会出现网络舆情，对法官自身亦有不良影响。有鉴于此，最初我是持反对态度的。但是，通过庭审直播，提高审判透明度是改革方向，势在必行，虽然心有抵触，我也只能顶着压力慢慢开始尝试，首先精选争议不大、矛盾不深的案件一件件进行直播，让我颇感意外的是，庭审效果出奇地好，庭审秩序井然有序，各方用语规范，且都能充分发表意见，当事人、律师等诉讼参与人对法庭的工作普遍表示满意，我当初的担心完全多余，仔细想来确不应该有当初的顾虑，由于庭审全程在网络公开，作为当事人，也是不愿意让自己的不良甚至违法行为传播至网络的。我办理的案件，进行庭审直播快一年了，简单总结，从庭审效果、当事人满意度、案件审理质量等各方面，直播案件远远优于没有直播的案件。所以，无论是从大的改革方向，还是个人的认知体会，我都希望网络庭审直播工作继续开展下去。

八　驻马店市中级人民法院法官——李光明

庭审直播是互联网时代阳光司法的重要举措，体现了审判公开的与时俱进。它打破了公众对司法的神

秘感，减少了对庭审活动的无端猜测，切实提升了司法公信力，同时也对法官的职业素养提出了更高的要求。直播的过程，不仅仅是庭审现场的记录，更是一次有效的法制宣传、对法官的一种自我约束。庭审直播不仅让法院的庭审活动活生生地展现在群众眼前，让人民群众知法、懂法、守法，同时也要求法官规范庭审程序，准确把握庭审节奏，妥善处理突发状况。以庭审直播为载体，助推司法公开，保障当事人知情权，提高法院公信力。最初对庭审直播总有一些担心，这种担心或是源于当事人对直播形式的不接受，抑或是源于对庭审驾驭能力的不自信，以至于对庭审直播抵触、不理解……每一次的庭审直播以后，都要认真回顾自己整个庭审步骤，梳理不足，及时改正。每一次的反思与总结，都是积极提升自我的新起点。随着时间的推移，担心变成了信心，抵触变成了自觉，被动变成了主动。“以直播为原则，不直播为例外”，就是要让自己的司法活动接受人民群众的监督，努力办好每一起案件，让当事人信服，让人民群众信服。

九　驻马店市中级人民法院法官——贾宝山

在社会各界目光聚焦法院审判的今天，庭审直播极大地增强了案件审理的透明度，保障了人民群众对

法院审判工作的知情权、参与权和监督权。作为一名法官，越来越多感受到的是挑战与担当。举止大方得体，发音标准清晰，庭审行为规范，正确处理当事人作出的过激言行，都是庭审直播对法官能力提出的更高要求。努力提高自身业务素质，对审判工作精益求精，积极接受新事物、持续提升自身能力水平。庭审直播倒逼法官规范庭审行为，不断提高庭审驾驭能力。

最初的压力转化为了动力，从一开始的心存顾虑到现在的信心十足。通过近些年庭审直播的实践，我深深感受到了司法公开对法官工作的监督与促进。同时，庭审直播也促进了当事人在法庭上更加规范自己的言语与行为，使得人民法院的庭审活动更加庄严、有序。以公开树权威，以透明促公正。庭审直播下的司法公开，能够让全社会更加直接迅速地了解庭审过程，让人民群众体会到“互联网+”下的司法便利，让庭审工作接受社会监督、接受人民群众监督。将庭审直播进行到底，铸就法官职业自信，愿我们的法官专业化、职业化之路越走越宽广。

参考文献

1. 郭士辉:《让正义以看得见的方式实现——人民法院全面推进依法治国工作亮点巡礼》,《人民法院报》2016年7月11日第1版。
2. 黄文艺:《司法公开意义深远》,《法制与社会发展》2014年第3期。
3. 田禾:《庭审公开触“网”倒逼“司法正义”》,《紫光阁》2017年第1期。
4. 田禾:《推进司法公开促进司法公正》,《人民法治》2016年第11期。
5. 温泽彬、李劭申:《“互联网+”背景下的司法信息公开研究——以最高人民法院“司法公开示范法院”为对象》,《现代法学》2016年第4期。
6. 闫博慧:《我国司法公开的主要障碍及其保障探析》,《法学杂志》2016年第4期。
7. 支振锋:《庭审网络直播——司法公开的新型方式

与中国范式》，《法律适用》2016 年第 10 期。

8. 支振锋：《庭审网络直播塑造司法公开中国高度》，《人民法治》2016 年第 11 期。

9. 支振锋：《中国司法公开新媒体应用研究报告（2015）——从庭审网络与微博视频直播切入》，中国社会科学出版社 2016 年版。

后　记

以庭审视频直播为主要表现形式的庭审公开，是最鲜活、最生动，也最真实的司法公开。庭审直播不仅倒逼人民法院业务水平提高，遏制因信息不对称导致的司法腐败，还真正让人民群众“看到了”法院判案，“听到了”法官说理，从而更愿意相信并接受司法裁判。以公开促公正，以公正赢公信，以公信树权威，真正实现人民司法的宗旨。

驻马店市两级法院一直重视司法公开，也一直在探索司法公开新途径。2016 年我曾到该院调研，亲身体会到了该院从党组、院领导到每一位法官在推进司法公开工作上的决心和干劲儿。2017 年，我们接受驻马店市委政法委的委托，开展对驻马店市中级人民法院 2017 年庭审公开工作的第三方评估。为了准确评估驻马店中院此项工作的成绩与问题，课题组咨询了相关专家和实务界人士，在驻马店中院召开了庭审公开工作现场会，进行了详细调研，最终如期完成了评估任务。

在整个评估工作之中，课题组不仅感受到了驻马店市中院将庭审公开工作作为“一把手工程”真抓实干，更感受到了他们的谦虚、低调与对我们沉甸甸的信任。从评估工作一开始，驻马店中院领导从不主动过问和干预评估工作，而是在课题组提出要求之后，积极配合，提供帮助。在评估结束之后，他们首先关注的不是成绩，而是问在哪些方面还能提高。这种干实事、实在干的精神，深深感染了课题组的每一位成员。

从2018年上半年的数据看，庭审公开已经给驻马店中院的各项工作带来了实实在在的推动。上半年，驻马店全市法院一审服判息诉率为88.42%，为河南全省第一；全市基层法院一审案件改判发回重申率为2.03%，为全省第三；审判质效和法官素养的提升，都非常明显。这必将有助于让人民群众对司法公开更有满足感和获得感。

评估不是目的，而是对一项工作的开展状况所进行的尽可能客观的呈现，评估本身也可能存在种种不足与问题。但我们真诚地希望驻马店中院能够以此次评估为契机，继续将庭审公开工作当成“一把手工程”来实实在在地推动，力争在全国庭审公开工作中打造令人瞩目的“中部高地”。

支振锋

2018年8月